REVENIR À BERLIN

Jonathan Lichtenstein est un dramaturge primé et professeur d'art dramatique au département de littérature, de cinéma et d'études théâtrales de l'université d'Essex. *Revenir à Berlin* est son premier ouvrage.

JONATHAN LICHTENSTEIN

Revenir à Berlin

Sur les traces de mon père

TRADUIT DE L'ANGLAIS (ROYAUME-UNI)
PAR CLAIRE DESSERREY

JC LATTÈS

Titre original :

THE SHADOW OF BERLIN – LIVING WITH THE GHOSTS
OF THE *KINDERTRANSPORT*
Publié en Grande-Bretagne par Scribner,
un département de Simon & Schuster UK Ltd.

Image de la page 13 : United States Holocaust Memorial Museum,
avec l'aimable autorisation de National Archives
and Records Administration, College Park.

Avec le soutien de la Fondation pour la Mémoire de la Shoah.
ISBN : 978-2-253-93748-7 – 1re publication LGF

Pour Joe, Freddie et Rosa

Le *Kindertransport* (« transport d'enfants ») est le nom de l'opération humanitaire grâce à laquelle des enfants non accompagnés furent acheminés en Grande-Bretagne entre 1938 et 1940. Environ dix mille jeunes réfugiés, juifs pour la plupart, partirent ainsi d'Allemagne, de Pologne, d'Autriche, des Pays-Bas et de Tchécoslovaquie. L'un d'eux accomplit ce voyage seul, à l'âge de douze ans. C'était mon père, Hans Lichtenstein.

1.1

Je l'appelle. Il décroche.

Tu veux y aller ?
Oui.

Il se tait. Il y a un long blanc.

Ce voyage t'aidera peut-être à dormir.
J'en doute.
Il est comment ?
Quoi ?
Ton sommeil.

Il se tait à nouveau.

Ce doit être angoissant.
Quoi ?
De ne pas pouvoir dormir.
Je n'ai jamais pu dormir.
Tu feras peut-être moins de cauchemars.
Peut-être qu'ils seront pires.

Mais tu veux y aller ?
Oui.

Donc j'organise tout. Les dates, le ferry, les billets, la voiture, l'itinéraire, les passeports, l'hôtel. Plus tard, je le rappelle.

Le trajet que tu avais fait, on va l'effectuer en sens inverse.
En sens inverse ?
On va se déplacer à rebours.
À rebours ?
D'ici à Berlin. Et retour.
Mais je ne suis pas revenu.
Je sais.
Mon billet était un aller simple.

Il rit.

J'aimerais retrouver l'emplacement du magasin de mon père.
Bien sûr.
Et sa tombe.
Oui.
Et la gare ?
La gare aussi.

Voilà. Nous nous sommes mis d'accord. Je vais arpenter les trottoirs avec lui, respirer avec lui l'air de la ville qui diffuse les ondes du passé jusque dans sa vie quotidienne et les recoins de celle de ses enfants ; la ville qui a vidé en nous les ruisseaux de son histoire, dont les caniveaux ont charrié la pluie et les eaux usées, les papiers froissés, les étoiles jaunies, les débris de verre, les cendres, la sépulture de son père. La gare. Le magasin.

1.2

Je voulais depuis de nombreuses années aller à Berlin avec lui pour refaire le parcours de son évasion en *Kindertransport*. Mais jusqu'alors nos relations distantes et tendues avaient, du fait de leur fragilité, rendu ce projet impossible. La perspective de passer des jours et des nuits en tête à tête ne nous enchantait guère ; nous pressentions l'un et l'autre que ce voyage pouvait mettre à mal le peu d'affection qui nous unissait, et seulement de fraîche date. Nous savions également que mon père serait contraint d'y affronter des ténèbres de toutes sortes, qu'il serrait depuis toujours sur sa poitrine. Nous savions enfin que la lumière portée sur ces ténèbres risquait de déclencher en lui un désespoir immense – « un désespoir dont je ne me remettrai peut-être pas », m'avait-il dit plus d'une fois.

Néanmoins, l'âge venu, et après une affection invalidante qui avait commencé à émousser ses sautes d'humeur, il accepta d'accomplir ce périple et de se confronter à l'événement qui avait régi sa vie. J'avais depuis peu pris conscience que cet événement avait aussi fini par régir la mienne ; cela s'exprimait par un besoin morbide et récurrent de faire le vide autour de moi, un sentiment d'exaltation épisodique mais envahissant, une tendance à me mettre dans des colères noires qui m'ébranlaient, une intense créativité alternant avec des mois de torpeur indéfinissable, assortie par moments d'une mélancolie si effrayante que je perdais le goût de vivre.

Dans un premier temps, nous fixâmes la date de notre pérégrination afin qu'elle coïncide avec l'anniversaire de son départ, dont il affirmait qu'il avait eu lieu six semaines avant la déclaration de guerre de l'Angleterre à l'Allemagne et que ce fut « le dernier *Kindertransport* à quitter Berlin ». Mais en raison d'une maladie qu'il contracta cet été-là, nous optâmes pour l'anniversaire de la Nuit de cristal – parce que nous avions trouvé une photo du magasin de son père prise après sa destruction et son pillage lors de cet épisode tragique. Mon père voulait tenter de retrouver son emplacement « pour voir ce qu'il y a[vait], s'il y a[vait] quelque chose ». Il voulait aussi se rendre sur la tombe paternelle dans le cimetière juif de Weißensee. Il n'y était jamais allé, même enfant, car on ne l'avait pas laissé assister à l'enterrement de son père. Il avait appris que celui-ci avait mis fin à ses jours longtemps après la fin de la guerre.

Il ne s'était résolu à m'annoncer ce suicide que le jour de mes dix-huit ans. Il me le révéla dans la voiture, tandis que nous roulions au milieu des collines galloises en direction de Cefnllys. La nouvelle tomba sans préambule.

Maintenant que tu as dix-huit ans, j'ai quelque chose à te dire.

Quoi ?

Mon père s'est suicidé.

Ah bon ?

Je n'ai pas envie d'en parler.

Comment ?

Tais-toi.

Mais…

Je t'ai dit de te taire.

Nous avons poursuivi notre route, lui au volant, les yeux fixés sur les virages, poussant le moteur à fond, accélérant dans les courbes, faisant crisser les pneus et pencher la voiture de façon inquiétante, coupant les axes, rebondissant sur les catadioptres, les quatre roues menaçant de lâcher prise, avec autour de nous les collines du pays de Galles.

1.3

Cae Hyfrydd était une maison sombre, couverte de glace en hiver ; le matin, des étoiles de givre tapissaient l'intérieur des vitres, qui laissaient parfois passer d'étranges bruits dans la nuit. Notre nouvelle maison jumelée, dotée d'un long escalier tournant et d'un grenier, était située dans Pentrosfa Road, une voie non goudronnée qui grimpait en pente raide depuis Wellington Avenue et n'avait rien à voir avec les rues que j'avais connues précédemment : toute en bosses et en nids-de-poule, elle était large et donnait une sensation d'espace. De la fenêtre du salon, on avait l'impression que l'autre côté de la rue était très éloigné. Lorsque le fils Evans sortait sa moto BSA vert métallisé du garage de ses parents, en face de chez nous, et qu'il appuyait de tout son poids sur la pédale chromée du kick pour la faire démarrer, c'était comme s'il venait d'un pays exotique avec des pavillons entourés de pelouses et de haies bien taillées, des portails blancs et des portes ornées de vitraux : une architecture immuable, sur laquelle on pouvait compter.

Pentrosfa Road était un chemin de terre merdique, avec des dos-d'âne intraitables et des cailloux irascibles, qui aurait pu avoir été créé dans un but malveillant, pour ralentir la circulation au lieu de la faciliter. La solution qu'avait trouvée mon père pour éliminer cet étalage d'accidents de terrain était simple : chaque matin, il bouchait ces déprimantes crevasses avec les cendres et les scories de notre cuisinière à charbon. C'était un rituel. Il balayait d'abord dans une pelle en acier les blattes qui couraient sur les carreaux en ardoise de la cuisine. Il ouvrait ensuite la porte supérieure du fourneau et les jetait dans le foyer rougeoyant. Elles tentaient désespérément, quoique sans bruit, d'escalader le manche froid, agitaient en tous sens leurs pattes en kératine, s'emmêlaient frénétiquement, tressautaient, s'enchevêtraient à mesure qu'elles glissaient le long du manche et volaient au-dessus de la pelle, cherchant à échapper aux flammes qui scintillaient derrière elles. Leur combat était pourtant vain. Il en tombait bien une ou deux, qui s'enfuyaient ventre à terre, mais la plupart entraient dans les enfers à reculons.

Une fois qu'il les avait brûlées, mon père reversait un seau de boulets dans le feu, fermait la porte et retirait le bac contenant les restes des cafards et les résidus calcinés du charbon qui avaient permis à la cuisinière de tenir toute la nuit. Il les emportait dans la rue, simplement vêtu d'une serviette enroulée sur les reins comme un sarong. Cette tenue sommaire était de rigueur quel que soit le temps ; ni le soleil, ni la pluie, ni de gros flocons de neige ne le dissuadaient. Souvent, au moment où il se mettait à combler un trou, une rafale se levait et un nuage de cendres fines et de particules nacrées l'enveloppait tandis que, courbé en deux, concentré, il enfonçait son mélange dans la fissure et l'égalisait de la main. Il ressemblait fugacement à une apparition accroupie, auréolée d'un tourbillon cendré qui courait sur sa peau, s'insinuait dans ses bronches, s'entortillait autour des poils sombres qui traçaient des motifs sur sa poitrine.

Les jours de neige, il sortait sans chaussures, intrépide, sa serviette claquant autour de la taille. De la porte de derrière, sur la blancheur immaculée, ses empreintes, dont chacune soulignait le contour de son deuxième orteil plus long, dessinaient un temps une calligraphie très nette qui suivait les reliefs du terrain aux côtés des traces entrecroisées des merles, des grives et des moineaux, toutes parfaitement distinctes jusqu'à ce que les cascades floconneuses les recouvrent.

Il lui fallut plusieurs années pour remettre la chaussée en état. Naturellement, son trajet s'allongea à mesure qu'il l'aplanissait. Il avait démarré à notre porte ; deux ans plus tard, il avait fini de niveler la petite portion de voie à l'arrière de la maison. Ensuite, il s'éloigna, progressa vers le milieu de la rue et la restaura fragment après fragment, bouchant les cavités, arasant bosses et fondrières, la rendant plus carrossable. La réparation par les cendres. Il était bon avec la rue, et celle-ci en acceptant ses égards fut en retour bonne avec lui.

1.4

Je passe le prendre chez lui à Llandrindod, où coulent l'Ithon et la Wye toute proche, au milieu des collines, des affleurements rocheux et des hameaux de Llandegley, Llanyre, Pen-y-Bont et Disserth, où les eaux sombres de la rivière forment un bassin devant l'église St Cewydd's.

Il a préparé ses bagages et attend dans la cuisine, assis sur sa grande valise rouge cerise. Il porte une chemise à carreaux gris clair repassée et un pantalon vert olive en coton épais aux plis marqués au fer. Beryl, ma mère, me lit la liste de ses médicaments en me montrant différentes boîtes.

« Ceux-ci sont pour ses yeux. »

D'accord.

« Ceux-là pour ses intestins. »

Bien.

« Et ceux-là pour sa tension. »

Entendu.

« Les comprimés pour les yeux sont importants. S'il ne les prend pas, il risque un décollement de la rétine. »

Vraiment ?
« Alors n'oublie pas. »
Je n'oublierai pas.
« Je n'ai pas envie que ses rétines se décollent. »
Ce n'est pas non plus ce que je souhaite.
« Tu n'oublieras pas, hein ? C'est que… »
Quoi ?
« Je te connais. »

Mon père tambourine sur la table ronde. Ma sœur Jane, qui est là aussi, se penche vers moi.

« J'ai voulu prendre une assurance médicale pour lui mais ça n'a pas été possible.»
Il n'est pas assuré ?
« Ses bagages le sont. »
Tu as assuré ses bagages ?
« Il est tellement vieux que ça aurait coûté une fortune. Ils n'ont pas voulu. »
Mais s'il y a un problème ? Si c'est au-dessus de ses forces ?
« Ça ira. »
Ah bon ? Et si je perds ses médicaments ?
« Tu te débrouilleras. »
S'il meurt ?
« Tu n'auras qu'à le ramener à la maison en voiture. »
On ne me laissera pas passer la douane s'il meurt.
« Tu trouveras sûrement un moyen. »

Elle se lève pour faire le tour du jardin avec lui. Ma mère soulève sa tasse à fleurs de la soucoupe et dit en inclinant la tête :

« Parfois, ton père a l'air… »
Quoi ?
« Mort. »
Mort ?
« Mort. »
Ah ?
« Lorsqu'il s'endort, sa peau bleuit légèrement et on croirait qu'il est mort. »
Tu trouves qu'il va bien ?
« Pas trop. »
Tu penses qu'il doit faire ce voyage ?
« Pas vraiment. »
Pourquoi n'as-tu rien dit ?
« Il y tient. »
Tu en es sûre ?
« Il veut voir s'il peut retrouver le magasin et la tombe de son père. »

Je sors avec lui par la porte grise et nous marchons jusqu'à la voiture. Il n'a pas d'assurance médicale. Il lui arrive de paraître mort. Il tire derrière lui un énorme bagage bien assuré.

« Je peux me débrouiller, merci », répond-il quand je propose de l'aider, en haussant la voix à cause du vacarme des roulettes raclant le sol.

Cette valise est sans doute le genre d'article dont la couleur paraît gaie et attirante dans la boutique et qui devient ridiculement criarde et déplacée aussitôt qu'on la traîne dans la rue et qu'on la charge dans un coffre. Ici commence son voyage de retour. Il devrait porter une petite valise marron. Elle devrait avoir un morceau de ficelle accroché à la poignée et une étiquette blanche au bout de la ficelle. Sur l'étiquette, il devrait y avoir un numéro écrit à l'encre noire.

Je me dirige vers la haie la plus proche pour ramasser cinq cailloux, trois petits et deux plus gros, que je mets dans ma poche.

> *Au retour, je rentrerai de Londres en train, seul, si tu veux bien.*
>
> D'accord.
>
> *Je veux aussi aller en train de Harwich à Liverpool Street.*
>
> Pas de problème.
>
> *Seul, de préférence.*

Nous montons dans l'ancienne voiture de mon frère Simon, qui m'a été généreusement offerte. Un break Audi vert bouteille vieux de douze ans qui, comme c'est généralement le cas avec les biens de mon frère, est un modèle assez haut de gamme. Ses sièges sont larges et confortables et elle est équipée de la climatisation. Il avait fait « pucer » le moteur pour augmenter sa puissance et installer une suspension spéciale permettant de prendre les virages à la corde tout en conservant « une trajectoire rectiligne ». C'est de loin la plus belle voiture que j'aie jamais eue, une routière idéale pour aller à Berlin.

J'ouvre Google Maps sur mon téléphone et fais défiler la carte en effleurant l'écran. D'abord la route en direction de Harwich, où nous prendrons le ferry. Puis traversée de la mer du Nord, débarquement à Hoek van Holland, cap au nord vers Amsterdam, passage en Allemagne et plein est en ligne droite jusqu'à Berlin. Je montre l'itinéraire à mon père.

Ton voyage à rebours.
Oui. Oui, c'est ça. Mon voyage à rebours.

Je l'entends qui reprend son souffle. Signe que ses chiens intérieurs se sont réveillés. Ils ont senti que leur proie était vulnérable. Depuis le temps qu'ils sont à ses trousses, avec leurs bottes et leur manteau sombre, à attendre ce départ.

Il y avait une sonnette fleur.
Pardon ?
Une sonnette fleur.
Une quoi ?
Une sonnette en forme de fleur.
Où ça ?
À la gare.

1.5

Lorsque j'étais petit, mon père n'évoquait jamais ouvertement son enfance ni ce qui avait trait à ses origines allemandes. C'était presque comme s'il n'avait pas été jeune. Il ne disait rien à propos de son père, de sa mère, de ses grands-parents, pas plus qu'il ne mentionnait des amis, les endroits où il avait joué ou habité, les écoles qu'il avait fréquentées. Il ne donnait aucun détail, d'aucune sorte, sur ses années de formation. C'est à ma mère qu'il revint un jour de me confier dans la cuisine – j'avais huit ans – que quelques semaines après son douzième anniversaire, il était parti seul de Berlin avec une petite valise. Elle-même n'en savait pas plus : il ne lui avait fourni aucune explication supplémentaire. Ainsi qu'elle le résuma, alors que j'étais debout en chaussettes sur le carrelage gris et froid : « Il n'aime pas en parler. »

Des éclats de son passé surgissaient parfois à l'occasion de la visite de membres de sa famille qui avaient également fui l'Allemagne, mais leurs séjours étaient rares, de courte durée, et mes questions recevaient toujours la même réponse : « Occupe-toi de tes affaires. » De temps à autre, des informations fuitaient inopinément. Ainsi, la texture du gâteau au pavot de sa mère lui était revenue un jour où la mienne avait apporté à table un biscuit de Savoie ; une autre fois, il avait fait la remarque que sa mère était capable de garder les assiettes chaudes du début à la fin du repas tandis que la mienne avait du mal à servir dans des assiettes froides le plat qu'elle avait cuisiné. Il y eut aussi une grande caisse qu'on nous livra, remplie de couverts cassés au manche gravé d'un *L* – vestiges de l'argenterie familiale. Elle provoqua chez lui une vive agitation et fut remisée au garage. Mais j'étais très jeune et j'en ignorais la cause. Je ne comprenais pas certaines de ses réactions : il détestait les Volkswagen et avait une aversion pour les Mercedes, à telle enseigne que s'il voyait l'une ou l'autre, ce qui était rare car il y en avait très peu à l'époque sur les routes galloises, il éructait : « Mocheté de bagnole ! » Il avait refusé que ses enfants apprennent l'allemand à l'école, interdit les livres sur la Seconde Guerre mondiale à la maison, ne prononçait jamais le mot « Hitler », ne faisait pas d'allusions à la Shoah et nous incitait régulièrement à « éviter les foules ».

Ruth, sa mère, avait survécu à la guerre. Mes grands-parents maternels ayant tous les deux disparu avant mes deux ans, elle était mon unique aïeule en vie, mais comme elle vivait à Berlin-Est et n'avait pas le droit de « franchir le mur », que de surcroît mon père ne la supportait pas, ne lui parlait au téléphone qu'une fois par an, je ne l'ai rencontrée qu'à trois reprises : à treize ans, lorsque mon père m'a emmené la voir à Berlin-Est, et deux fois chez nous, quand j'avais une vingtaine d'années, parce qu'elle avait été autorisée à sortir d'Allemagne de l'Est pour rendre visite à son fils. J'étais resté deux heures en sa présence, mais pas en tête à tête, et elle avait gardé le silence car elle ne parlait pas anglais et moi pas allemand. Mes questions n'étant pas encore très claires dans mon esprit, je n'aurais pas pu l'interroger sur quoi que ce soit d'utile même si nous avions eu une langue en commun.

Par la force des choses, l'absence de ma grand-mère et le silence de mon père sur ces sujets eurent pour conséquence que notre famille a longtemps vécu dans un monde énigmatique, indéchiffrable, peuplé de silences et de deuils inexprimés.

1.6

L'allée, devant Cae Hyfrydd, se délitait et nous avions demandé à M. Bubyage d'en refaire une entre le portail du jardin et la porte d'entrée. Il était polonais, veuf, de petite taille et replet, et nous apportait toujours du miel peu avant Noël. Si c'était moi qui étirais les doigts pour ouvrir le loquet, c'était dans mes mains qu'il remettait le pot dont la teinte ancestrale luisait dans la lumière hivernale. En le déposant, il prononçait des mots incompréhensibles en aspirant les syllabes, sur un ton étrangement insistant. Je donnais le pot à mon père, qui lui jetait un regard dédaigneux et grommelait « Bon sang, s'il pouvait s'en dispenser » avant de le ranger dans un placard.

M. Bubyage accomplit un travail parfaitement exécuté. Entre la porte et le portail, il disposa de grandes planches qu'il fixa solidement à des piquets plantés dans la terre pour délimiter le dessin de l'allée. C'était, m'expliqua-t-il, « le coffrage, la forme qu'aura le béton. Il va remplir l'intérieur ». Plus tard, après qu'il eut coulé la dalle et que le ciment eut pris, il retira les planches et me montra les marques laissées par le bois, désormais gravées, « l'image en creux du veinage ». Si son savoir-faire était irréprochable, le résultat final était aussi banal qu'une petite allée de jardin rectiligne, exécutée dans les règles de l'art mais avec les limites de sa finition austère. M. Bubyage était là le matin dans le froid, passant sa truelle d'un geste régulier sur le ciment gris et humide, fixant un motif en croisillons, ménageant un léger bombement pour éviter la formation de flaques en cas de pluie. Concentré sur sa tâche, il ne réclamait jamais une tasse de thé et m'interpellait parfois en débitant à toute vitesse des phrases inintelligibles ; faire du béton était sa façon de communiquer.

Il apportait petit à petit ses matériaux sur un vélo noir à guidon haut. Un panier en rotin, attaché par des courroies au cintre rouillé, contenait son sac de ciment ; les outils étaient dans une sacoche rouge délavée, à l'arrière. Du fait de cette répartition, il était en permanence couvert du ciment qui s'échappait en tournoyant à chaque coup de pédale ; de son chapeau de feutre à ses chaussures noires cirées, il était poudré d'une poussière grisâtre dont l'action desséchante absorbait l'humidité de sa peau par capillarité. Il me faisait l'effet d'une relique venue d'ailleurs, une créature à part portant sur les épaules tous les malheurs du monde, et le gris mat de son visage renforçait l'éclat de ses yeux tristes. La construction de notre allée l'occupa des semaines en raison de ce mode de transport d'une inefficacité presque insupportable, mais quand elle fut finie, elle l'était pour de bon, et à la stupéfaction de mes parents, malgré le labeur qu'elle lui avait demandé, il refusa d'être payé.

1.7

Nous nous éloignons de la maison en descendant lentement Cefnllys Lane puis nous empruntons les routes peu fréquentées et cernées de hautes haies du pays de Galles, environnés par la présence apaisante des collines. À Llanelwedd, nous bifurquons à gauche pour longer l'ancienne voie de chemin de fer parallèle à la Wye, contournons Brecon, gravissons les Beacons, avec au loin Pen y Fan, où s'entraînent les troupes du SAS. Après Abergavenny, nous suivons la vallée de la Severn, bordée d'arbres, non loin des ruines de Tintern Abbey. Nous franchissons l'Old Severn Bridge pour rejoindre la M4. À Reading, nous faisons halte dans une station-service qui nous projette dans un autre monde – cohue, écrans à cristaux liquides, aliments réfrigérés. Nous remontons par la M25, puis l'A12 qui part vers le nord-est et la plaine côtière autour de Harwich. Sagement assis à ma gauche, mon père regarde devant lui, le cou tendu.

C'est le paysage que tu as dû voir en débarquant.
J'imagine.

Depuis le train qui t'a conduit à Liverpool Street, à Londres.
Oui.
C'est la première fois que tu reviens ?
Oui.
Tu reconnais ?
Pas vraiment.
On va où tu as posé pour la première fois le pied en Angleterre.
La gare ? Parkeston Quay ?

La route sinueuse traverse les petites agglomérations du nord de l'Essex. Au cœur des villages, les maisons sont à colombages avec des toits de chaume, les fenêtres serties de plomb et les murs en torchis peints à la chaux dans des tons de rose ou de gris poudrés. Dès qu'on s'écarte des centres historiques, les habitations changent ; alignées des deux côtés de la route et lui faisant face, elles sont jumelées, en briques, avec des toits de tuile faiblement pentus et des garages attenants à portes métalliques peintes. Plus loin, l'architecture est encore différente ; des pavillons récents dans de petites impasses, recouverts de bardage blanc en médium ou en PVC. Ce type de revêtement, en vogue depuis peu, imite le style de la Nouvelle-Angleterre, lui-même inspiré des anciennes granges en bois de la région, d'où partirent les Pères pèlerins, premiers colons anglais de l'Amérique, emportant avec eux les techniques de construction ancestrales et le style vernaculaire.

Après Elmstead Market et Little Bentley, nous laissons Horsley Cross sur notre gauche et poursuivons dans Tinker Street. La route devient une quatre-voies avec des joints de dilatation en bitume dans les rainures séparant les dalles de béton.

Nous roulons dans Harwich. La jetée de Ha'penny Pier s'avance dans l'estuaire où des pêcheurs attrapent des cabillauds avec de longues cannes. Nous passons devant la demeure où Samuel Pepys vivait quand il était député de la ville, devant le chantier naval dont il avait la charge lorsqu'il devint secrétaire de l'Amirauté, et enfin, dans King's Head Street, devant la maison natale de Christopher Jones, le capitaine (et propriétaire pour un quart) du *Mayflower*.

C'est une modeste maison mitoyenne peinte en blanc. Nous descendons de voiture pour lire la plaque sur sa façade. Un homme corpulent, tenant en laisse un petit chien noir et occupé à manger un *fish and chips*, s'arrête à notre hauteur ; pendant que le chien renifle les chaussures et les mollets de mon père, il lui dit :

> « C'est là que vivait le capitaine du *Mayflower.* »
> *Très intéressant.*
> « Vous voyez la plaque ? »
> *Oui.*
> « Tout est expliqué dessus. »

Tandis qu'il s'éloigne, mon père lance :

> *S'il y en a un qui ferait mieux de ne pas manger de* fish and chips*, c'est bien lui.*
> Pourquoi ?
> *Tu as vu ce gabarit ? Il est en surpoids.*

Qu'est-ce que tu penses de la maison du capitaine du *Mayflower* ?
Miteuse.
Le navire a été construit près d'ici.
Ah bon ?
À l'origine, on l'avait baptisé *Mayflower of Harwich*.
Lorsqu'il a mis les voiles vers l'Amérique, la plupart des hommes d'équipage venaient de l'Essex.
Vraiment ?
Jusqu'alors, il avait surtout navigué entre Alicante et Rotherhithe pour transporter du vin espagnol, la boisson préférée de James.
Je croyais qu'il était parti de Plymouth.
Il y est allé pour s'avitailler et rejoindre un autre navire, le *Speedwell*, qui a fait demi-tour. Le véritable départ a eu lieu à Rotherhithe.

Il repart vers la voiture et se tourne vers moi.

En anglais, on dit « elle » en parlant des bateaux.
Je sais.
Pourquoi tu emploies toujours le masculin ?
Sans raison.
Tu n'écoutes donc jamais rien ?
Je ne sais pas.
J'ai dû le répéter des centaines de fois. À part ça…
Quoi ?
Avant d'aller à la gare…
Oui ?
J'ai envie d'un fish and chips.

Nous marchons jusqu'à Pieseas Chippy, dans West Street, où nous commandons du haddock et des frites, puis nous allons nous asseoir sur un banc de la jetée pour manger notre *fish and chips* emballé dans du papier. Nous surplombons le vaste estuaire où débouchent deux cours d'eau, l'Orwell et la Stour. L'eau clapote et scintille. La lumière faiblit. Un vent glacial souffle de la mer. Le ciel s'est assombri, mais il reste lumineux car les nuages sont élevés. Par-delà l'embouchure, à droite, nous distinguons le port de Felixstowe, qui accueille des navires de plus de quatre cents mètres de long et sur les quais duquel quatre millions de conteneurs sont chargés et déchargés chaque année. De là où nous sommes, les grues qui soulèvent les conteneurs font penser à d'énormes merles tirant avec leur bec sur des vers de terre.

Je pointe du doigt la rive opposée.

Bartholomew Gosnold vivait à Otley, au nord de l'estuaire.
Qui ?
Bartholomew Gosnold. Il a d'abord navigué avec Walter Raleigh puis il a ouvert une nouvelle voie maritime vers l'Amérique en 1602. Il avait pris des passagers à bord car il voulait fonder une colonie.
Et alors ?
Ils sont revenus au bout d'un mois. Son trois-mâts, le *Concord*, ne mesurait que dix mètres de long.
Dix mètres ?
Oui.
Pour traverser l'Atlantique ?
Et revenir. Christopher Jones s'est servi des cartes marines qu'il avait établies et le *Mayflower* a suivi sa route. Gosnold et lui s'étaient probablement rencontrés près d'ici.
Ici ?
Oui.
Tu as du ketchup ?

Je lui tends plusieurs sachets. Il les déchire tous et arrose ses frites de ketchup.

Servent à rien, ces machins en plastique. Obligé d'en ouvrir cinq pour en avoir suffisamment. Ils ne peuvent pas laisser un bidon sur le comptoir comme avant, nom d'un chien ? Le monde est devenu fou.

Les mouettes commencent à nous tourner autour, à l'affût de nourriture tombée à terre.

À l'approche des côtes, Gosnold a jeté ses filets et ils se sont aussitôt remplis de morues ; c'est pour cette raison qu'il a baptisé l'endroit Cape Cod.
D'accord.
Quelques jours plus tard, il a découvert une île où poussait de la vigne et lui a donné le nom de sa fille, morte à l'âge de deux ans : Martha's Vineyard. Elle est enterrée à Bury St Edmunds.
Je veux aller à la gare.

Nous finissons de manger et reprenons la voiture pour effectuer le court trajet vers Harwich International, anciennement Parkeston Quay. C'est là que mon père a foulé pour la première fois le sol anglais. Nous pénétrons dans la gare qui, en dépit de son statut international, est totalement déserte. Il y passe quatre trains par heure : un en direction et un en provenance de London Liverpool Street, et deux trains régionaux. Le ferry dessert Hoek van Holland deux fois par jour et même si, techniquement, il relie le continent et le Royaume-Uni, cette étiquette « internationale » est pour le moins exagérée, pour ne pas dire mensongère. Nous grimpons le vieil escalier et prenons le pont reliant les deux quais pour aller sur la voie n° 1, qui reçoit les trains allant à Londres.

Je suis descendu du bateau par une passerelle.
Puis tu as traversé le débarcadère jusqu'au train ?
Oui.
Donc, tu as dû attendre sur ce quai pour aller à Londres.
Tu as raison.

C'est là que tu as fait tes premiers pas en Angleterre. Tu es entré dans cette gare et tu es venu sur ce quai.

Je l'observe à la dérobée. Il paraît indifférent. Aucune réaction. Aucune agitation. Pas même d'intérêt particulier. Ses yeux ne cillent pas, sa voix ne s'éraille pas, sa respiration est régulière. Moi, en revanche, je retiens la mienne, je baisse le front, j'ai l'estomac noué et la tête qui tourne. Je ne sais pas ce qui m'arrive.

Le quai ressemble beaucoup à ce qu'il devait être le jour où il a débarqué. Les dalles qui le bordent sont d'origine, de même que les briques de soutènement. D'imposantes structures en acier ont été ajoutées pour moderniser la gare, sans doute dans les années quatre-vingt, mais l'ancien bâti de briques reste visible, de même que la grosse horloge. Je m'agenouille pour embrasser le quai. Quand je me redresse, des gravillons sont collés à mes lèvres. Ils ont un goût amer et je mets du temps à m'en débarrasser en les frottant.

Qu'est-ce que tu fabriques ?
Je remercie le sol qui t'a sauvé.
Le sol ne m'a pas sauvé. Pourquoi tu l'embrasses ?
Je le fais souvent, je ne sais pas trop pourquoi. Depuis toujours, depuis que je suis petit.
Pourquoi ce cirque pour quelque chose que tu n'as pas vécu ?
J'aimerais bien le savoir.
C'est bizarre.
Je sais.

Regarde là-bas.
Quoi ?
Regarde.

Nous nous approchons de la sonnette en forme de fleur.

1.8

La réticence de mon père à parler de son passé dura toute mon enfance et au-delà de mes quarante ans. Il refusait simplement de répondre à mes questions sur ce qu'il avait vécu, tant en Allemagne qu'à son arrivée en Angleterre. Il était plus disert sur la période suivante, quand il avait une vingtaine d'années : il avait été médecin en Malaisie dans le corps des SAS au moment de l'insurrection communiste, parachuté dans la jungle et cité à l'ordre du jour.

Il était particulièrement fier d'avoir contribué, avec son collègue le Dr Malcolm Bolton, à la création du premier centre de soins destiné aux Orang Asli, le peuple aborigène malais. À la fin de son contrat dans les forces spéciales, il avait participé à une opération de prise en charge médicale des Orang Asli dans le cadre d'une campagne visant à s'assurer leur soutien, ce qui avait permis aux aborigènes de sortir des abominables camps d'internement où le gouvernement britannique les avait cantonnés. En souvenir de ce séjour, une sarbacane et un carquois de flèches empoisonnées étaient accrochés au mur de notre salon, que nous avions pour instruction de ne jamais toucher : « LE POISON QU'IL Y A DESSUS VOUS TUERAIT ! »

À une ou deux reprises, il avait mentionné sa participation au chantier de construction du Festival of Britain, son séjour au Trinity College de Cambridge, « où [il] étai[t] entré grâce à un coup de bol phénoménal », ses années de vaches maigres pendant ses études, où il « ne [se] nourrissai[t] que de Bovril[1] ».

Il a toujours regardé devant lui, construit sa vie en fixant l'horizon. Il ne voulait pas se retourner sur le passé, même si ce dernier le hantait nuit après nuit. Quand nous étions petits, nous étions sans cesse réveillés par les cris qu'il poussait dans ses cauchemars. Ensuite, nous l'entendions déambuler dans la maison, claquer les portes, passer le balai au petit matin, l'aspirateur dès l'aube sur le palier devant nos chambres, faire le ménage, ouvrir les robinets, laver le sol avec un seau et une serpillière, comme si ce débordement d'activités pouvait chasser ses démons.

Pour reconstituer son enfance allemande, j'ai dû me contenter d'allusions, d'histoires incomplètes, de bribes qui lui échappaient et des souvenirs d'autres personnes. J'ai mis des décennies à me faire une idée de ce qu'il avait vécu. Je m'y suis efforcé car je voulais mesurer l'impact que son enfance avait eu sur la mienne, savoir pourquoi j'avais une conduite d'échec, pourquoi je ne réussissais rien, pourquoi je ne voulais pas parler aux gens, pourquoi le monde me paraissait souvent haïssable, pourquoi je restais au lit des jours entiers, transpirant dans des draps humides

1. Équivalent du Viandox. *(N.d.T.)*

et poisseux sans avoir la force de me lever, pourquoi j'agressais des inconnus, ou des amis, pourquoi j'avais de longues périodes de dégoût profond de la vie, une apathie persistante, pourquoi je refusais de m'alimenter, pourquoi durant des années j'avais été assailli en pleine journée par une voix intérieure qui cherchait à me convaincre qu'il était préférable que je meure. Non pas dans un futur proche, ni même demain : tout de suite.

2.1

Parfois, l'été, mon père nous réveillait avant les premières lueurs du jour pour nous emmener à Ynyslas, un long cordon de sable blond qui s'étire sur la côte ouest du pays de Galles, à deux heures de voiture de Llandrindod par des routes de montagne taillées dans les collines rocailleuses, ponctuées de panneaux informant les conducteurs des risques de chutes de pierre. D'un côté, les reliefs s'élèvent en mamelons jusqu'aux sommets orientés au soleil, dont les versants sont couverts de fougères vernissées et de chênes rabougris par le vent ; au-delà de la limite des arbres, il n'y a plus que de l'herbe à moutons et des rochers. De l'autre côté, la pente dévale à pic.

À l'époque, ces routes étaient étroites et dépourvues de garde-fous ; de temps à autre, nous apercevions au fond d'une vallée la carcasse d'une voiture qui avait basculé et plongé plusieurs dizaines de mètres plus bas, à moitié pourrie car, là où elle avait échoué, elle était irrécupérable. Mon père remarquait sur un ton enjoué que ses occupants n'avaient certainement pas pu s'en tirer. « Les pauvres, aucune chance de survivre à un accident pareil », concluait-il alors que nous collions notre nez aux vitres pour mieux voir. Étant donné qu'il ne connaissait qu'une seule façon de conduire – « pied au plancher », pour reprendre la formule d'un de ses amis –, aucun de nous, qu'il s'agisse de ses enfants ou de sa femme, n'était désireux de prendre place dans la voiture pour effectuer le trajet. Principalement à cause de son comportement : à l'approche d'un lacet particulièrement dangereux, il avait coutume de faire mine de perdre le contrôle de son véhicule.

Une ligne blanche qu'il était interdit de franchir courait le long de la chaussée ; il fonçait droit dessus, lâchait le volant comme s'il n'avait pas conscience de la catastrophe imminente et s'exclamait « Au secours ! Au secours ! Je ne maîtrise plus rien ! » en agitant les mains vers le pare-brise. L'espace d'un instant, nous avancions vers l'escarpement où nous attendait une mort certaine. À la dernière seconde, il braquait d'un coup sec pour nous écarter du danger et nous ramener sur la route, tandis qu'avec mes sœurs Jane et Sarah, mes frères Simon et David, nous poussions des hurlements, et qu'à l'avant ma mère, folle d'angoisse et parfois en pleurs, lui reprochait en hurlant son imprudence. Autant de démonstrations qui enchantaient mon père, dont les yeux pétillaient devant la tempête d'émotions qu'il avait déclenchée. Cette attitude, qui nous inquiétait beaucoup, était pour lui une plaisanterie désopilante qu'il nous réservait tout le long du trajet et à chaque équipée vers Ynyslas, comme si le fait de risquer la vie de sa famille était une activité stimulante. En arrivant sur la plage, qui s'étendait sur des kilomètres autour de nous – une vue de la mer rare et enivrante pour nous qui vivions à l'intérieur des terres, assaillis par l'air cinglant –, nous étions angoissés, en larmes, malades ou en train de nous bagarrer – « de sales mioches capricieux, trop gâtés, jamais contents » au dire de mon père.

La route d'Ynyslas part de Rhayader, grimpe à l'assaut des collines le long des lacs artificiels jusqu'à Pont Ar Elan, un pont de pierre posé sur l'Afon Elan ; ce petit cours d'eau, autrefois la source de la rivière, est aujourd'hui celle de Craig Goch, un des lacs de la vallée de l'Elan. L'ensemble de barrages et de retenues alimente Birmingham en eau potable : Craig Goch est relié en ligne droite au réservoir Frankley par un aqueduc en pierre conçu par des ingénieurs de l'ère victorienne, qui passe sous les collines et enjambe les vallées en respectant une pente constante de quarante-cinq centimètres au kilomètre – une déclivité si subtile qu'à l'œil nu les portions d'aqueduc et de tunnels semblent parfaitement horizontales. Cette inclinaison, bien qu'imperceptible, permet à l'eau de s'écouler sans bruit et sans assistance du pays de Galles à l'Angleterre, de raccorder les collines galloises aux usines, aux artères et aux logements de la ville des Midlands de l'Ouest qu'on baptisa « la forge du pays » au XIXe siècle, et de l'approvisionner en permanence en eau douce et pure.

Pour permettre la construction des réservoirs, les exploitations agricoles et les villages qui émaillaient la vallée de l'Elan avaient été submergés et leurs habitants expropriés sur ordre du gouvernement. Les étés où il faisait très chaud, le niveau de l'eau baissait, le lac commençait à se vider et les vestiges des hameaux engloutis surgissaient sous nos yeux. Le faîte des toits d'ardoise et les pignons des murs de pierre émergeaient peu à peu, encore debout malgré des décennies de submersion ; au lieu de les éroder, le liquide les avait préservés. Leur présence était le rappel fantomatique de leur ancienne vie ; les squelettes accusateurs des églises et des maisons, les carcasses humides des villages, surprises dans leur nudité autant que dans la mort, témoignaient avec évidence de l'absence des hommes. Le journal local publiait régulièrement des photos des localités disparues. Sur un des clichés pris par un plongeur, on voyait l'ancien cimetière de Nantgwyllt sous les eaux. La réfraction de la lumière qui se produit à ces profondeurs avait déformé la perspective et, malgré la netteté, les pierres tombales paraissaient de guingois dans la vase amoncelée au fond du réservoir. À Nantgwyllt, les morts avaient été mis en terre avant d'être noyés et n'avaient donc pas reçu la visite des vivants.

Sur une carte postale d'époque, que le directeur de notre école, M. Timothy, aimait faire circuler en classe, on voyait les eaux lécher les fondations de la maison de Cwm Elan avant sa lente immersion, gagner peu à peu du terrain sur les flancs des coteaux après la construction du barrage. Selon M. Timothy, un examen attentif de la carte postale permettait de distinguer deux silhouettes spectrales : un visage dans les arbres au-dessus de la bâtisse et le torse d'un homme en habit dans l'eau.

Peu avant l'inondation de la vallée, Percy Shelley avait séjourné à Cwm Elan avec sa première épouse, Harriet Westbrook, la mère des seuls enfants qui survécurent. Il l'avait épousée à dix-neuf ans, elle n'en avait que seize et allait encore à l'école. Il écrivit à propos de cette vallée : « Les roches empilées jusqu'à des hauteurs vertigineuses, les rivières que leurs saillies transforment en cataractes et les vallons revêtus de forêts ont un aspect enchanteur. » Harriet mit fin à ses jours en se jetant dans la Serpentine, à Hyde Park, où elle était venue à pied depuis son logis de Hans Crescent, dans le quartier de Knightsbridge. Elle avait vingt et un ans. Percy Shelley venait de la quitter pour Mary Godwin. Son corps fut retrouvé le 10 décembre 1816. Lorsqu'on le sortit de l'eau, on constata qu'elle était enceinte. La lettre qu'elle avait rédigée avant de se suicider a été conservée : l'écriture est soignée, la décision mûrement réfléchie, les lignes sur la feuille régulières. « À vous, ma chère sœur, je laisse tous mes biens car ils vous appartiennent bien plus qu'à quiconque… »

Moins de six ans plus tard, en juillet 1822, Shelley se noyait à son tour avec Edward Williams et Charles Vivien au large de La Spezia, non loin de Lerici, dans le naufrage de son bateau provoqué par une violente tempête qui avait éclaté près de la côte. Il rentrait d'une visite à Byron, en villégiature à Livourne, plus au nord, pour voir Mary.

M. Timothy contestait la version officielle des faits et affirmait, de sa voix monocorde et sévère, qu'il avait été assassiné. Sans lâcher la canne avec laquelle il ne cessait de tapoter sa jambe, il déclarait :

> Le voilier de Shelley a été sabordé. Un acte de piraterie criminel. Un pêcheur s'est confessé à un prêtre

> sur son lit de mort : il a avoué qu'il avait éperonné son bateau à tribord. Quand l'épave a été renflouée, on a vu que la coque était enfoncée à tribord.

Il nous apprit que le corps sans vie de Shelley avait été rejeté sur la côte aux environs de Viareggio et brûlé sur la plage en présence de Byron et de son ami Edward Trelawny.

> Trelawny a récupéré le cœur carbonisé de Shelley dans le braisier en fer où il avait été incinéré et l'a confié à Mary Shelley, qui ne s'en est jamais séparée. Il repose aujourd'hui dans le cimetière de l'église St Peter's à Bournemouth ; les cendres de Shelley furent inhumées à Rome.

Ensuite, nous devions apprendre et réciter le poème de Shelley « Chant funèbre pour l'année », et si nous nous trompions la canne en bambou de M. Timothy s'abattait sur nos doigts.

> *Voici le gris Janvier,*
> *Comme un fossoyeur près de sa tombe ;*
> *Février porte la bière,*
> *Mars désolé hurle et délire,*
> *Et Avril pleure –*

Les plages d'Ynyslas courent sur plusieurs kilomètres au nord d'Aberystwyth, au fond de l'anse de Ceredigion, près de l'embouchure du fleuve. Elles sont bordées de dunes peuplées d'oiseaux où poussent des graminées rares et des petites fleurs blanches en été. Nous nous précipitions des plus hautes : nous courions sur leurs crêtes, nous bondissions dans l'azur avant de ressentir sur nos corps incontrôlables l'effet brutal de l'attraction terrestre, qui nous attirait vers le bas et les versants pentus, jusque dans le sable chaud et moelleux qui amortissait nos culbutes quelle que fût la hauteur d'où nous nous élancions. C'est là que j'ai appris à me propulser sans regarder mes pieds, à attendre que le sol vienne à moi plutôt que l'inverse et à me relâcher à l'impact pour que mon corps se mette en boule et « répartisse l'intensité de la chute », ainsi que nous le serinait mon père.

Ayant touché terre telle une poupée de chiffon, je dégringolais au pied de la dune sans jamais me blesser. Je devais cette faculté de me réceptionner à mon père, qui nous avait initiés aux atterrissages en parachute. Il avait suivi l'entraînement de base du SAS, possédait l'insigne de parachutiste militaire et transmettait, comme il se doit, ses connaissances à ses enfants. Il nous avait montré qu'il fallait plier les genoux parallèlement, enchaîner par une roulade en souplesse, ne pas se contracter en atteignant le sol. Un soir, après dîner, il nous avait traînés dehors et alignés sur la pelouse, près de l'allée de M. Bubyage, pour nous préparer à tomber « de façon maîtrisée afin de limiter le choc ». Je m'étais exercé durant des mois à cette technique et, fort de la confiance qu'elle m'apportait, j'avais découvert que je pouvais m'envoler des dunes les plus élevées en me jetant aussi haut et aussi loin que possible pour atteindre, une microseconde, le point d'équilibre entre force d'accélération et gravité, suspendu dans l'air.

2.2

Nous sortons du parking, prenons à gauche au rond-point pour accéder aux quais. Des files de semi-remorques, dont les raisons sociales constituent un condensé des patronymes européens – De Haan, Hoyer, CvHeezik, Codognotto, Van Dulja, Schmidt –, attendent d'embarquer dans le ferry. La lueur orangée des éclairages au sodium se déverse en cascades lumineuses dans la pénombre. Nous nous sentons minuscules à côté des immenses grues. L'air vibre du vrombissement des moteurs.

Je m'approche de la guérite où l'on doit présenter les billets. Une jeune femme au visage rond nous salue en souriant. « Ah, les Lichtenstein. — Comment le saviez-vous ? — À cause de votre plaque d'immatriculation. — Vous connaissez le nom de tous les passagers ? — Un certain nombre. » Au contrôle des passeports, je tends les nôtres à un jeune homme sérieux en uniforme bleu qui baisse les yeux vers moi. « Ah, les Lichtenstein », dit-il avant d'ajouter, en souriant lui aussi : « Bon voyage. » Nous traversons les docks, gravissons une rampe d'accès hélicoïdale, avançons sur la passerelle bringuebalante qui relie le ferry au quai et entrons dans la gueule puis dans les entrailles du *Stena Britannica*. Mon père se ronge les ongles pendant qu'on nous fait lentement progresser en collant les voitures qui précèdent, au milieu des éclats de voix et des gesticulations d'hommes en salopette orange, alors qu'il y a très peu de véhicules sur le pont. On est en semaine, au mois de novembre, et il fait un froid polaire. Nous ne serons pas nombreux à effectuer la traversée ce soir.

Nous sortons les bagages du coffre. « Je peux porter ta valise, si tu veux », dis-je à mon père. « Ça va, je me débrouille très bien, merci », répond-il en la soulevant. Les traits tirés, mais avec une expression de défi, il traverse le pont-garage dos voûté, tête basse, et pénètre dans le hall, puis dans l'ascenseur menant aux cabines. Les portes s'ouvrent sur le sourire d'un employé. « Bienvenue à bord », nous lance-t-il. Notre cabine contient deux couchettes très rapprochées, de part et d'autre d'un hublot. Je me rends compte en même temps que lui que nous n'avons pas dormi dans la même chambre depuis plus d'un demi-siècle.

> En débarquant en Angleterre, tu as été hébergé par des Américains, c'est ça ?
> *Exact. J'ai logé plusieurs semaines chez une famille américaine.*
> Ensuite, ils sont repartis ?
> *C'est ça. Ils sont repartis aux États-Unis et m'ont laissé.*
> C'est curieux. Qui c'était ?
> *Aucune idée.*
> Vraiment très curieux.

J'ai été envoyé à Hasting, où j'ai vécu seul dans un appartement. Le premier jour, je suis allé me baigner dans la mer en laissant bêtement mes affaires sur la plage. Quand je suis revenu, on m'avait volé la montre de mon père et le tapis que ma mère m'avait donnés.

Après, qu'est-ce qui s'est passé ?

On m'a conduit dans un internat. Quelqu'un payait pour moi. J'ignore qui c'était. Je ne l'ai jamais su. On n'a pas voulu me le dire. Des années plus tard, j'ai fait des recherches. En vain. J'ai supposé que c'était la famille américaine.

Quelqu'un a réglé tes frais d'inscription ?

Oui.

Toute ta scolarité ?

Oui.

Incroyable.

Une chance.

Il s'allonge sur les draps blancs et observe par le hublot les lumières de la côte. Nous assistons au décrochage des grelins qui retiennent le ferry au quai et à leur treuillage dans la soute. Dès que les amarres sont larguées, nous voguons dans l'estuaire. Harwich, la première vision que mon père a eue de l'Angleterre, s'éloigne dans un scintillement. Les vibrations des moteurs nous bercent. Mon père s'endort, la tête sur le côté. En pleine nuit, il me réveille en m'enfonçant un doigt dans le bras.

Je suis où, là ?

Sur un bateau.

On va à Paris ?

Non, non, à Berlin. Tu te souviens ?

Je veux voir le commissaire de bord.

Plus tard. Demain.

Je dois changer de l'argent.

Papa, tu rêvais. On va à Berlin en voiture, tu te souviens ?

Pas à Paris ?

Non. À Berlin.

Le visage crispé, il se recouche, tire la couette au-dessus de sa tête. Je le surveille un moment. Sa peau est grise, ses articulations, bleutées. Il frissonne un peu puis se rendort.

2.3

L'année de mes huit ans, pendant les vacances d'été, je jouais devant la maison quand j'ai aperçu, de l'autre côté de Pentrosfa, une femme qui regardait notre jardin. Elle portait une petite valise bleu foncé et fumait une cigarette. Au bout d'un moment, elle a traversé la rue, s'est arrêtée au portail et m'a dévisagé. Une quarantaine d'années, des cheveux bruns, le regard droit, elle était petite, vive, avec un air sérieux, pas maquillée. Elle portait un jean, un pull bleu marine tout simple et un foulard. Dès que sa cigarette a été consumée, elle en a allumé une autre et a écrasé la première sur le rabat du paquet. Son index et son majeur étaient jaunis par la nicotine. Depuis le portail, elle m'a demandé, à voix basse et avec un accent si prononcé que je comprenais à peine ce qu'elle disait :

« Ton père ? Ici ? »

Il travaille.

« Docteur ? Oui ? »

Oui.

« Sa maison ? »

Oui.
« Yonathan ? »
Pardon ?
« Jonathan ? »
Oui.
« Je suis Toni. »
Tony ?
« Ta tante. La sœur de ton père. »

À ce stade, ne sachant que faire, je suis rentré prévenir ma mère, qui est sortie dans le jardin et s'est approchée.

« Je suis Toni. »
« La sœur de Hans ? »
« Oui. »
« C'est incroyable ! »
« Vous êtes surprise ? »
« Ah, oui ! Entrez, je vous en prie. Vous venez de loin ? »
« Israël. »

Sans cesser de fumer, Toni a remonté l'allée de M. Bubyage vers la maison. Devant la porte, ma mère l'a retenue.

« Je suis désolée, mais il faut éteindre votre cigarette. Hans ne tolère pas qu'on fume chez nous. »
« Je suis sa sœur. »
« Il tient vraiment à ce que personne ne fume à l'intérieur. »
« Sa sœur aînée. »

Sur ces mots, elle a poussé ma mère et est entrée, cigarette allumée à la main. Elle a traversé à grands pas le petit hall carrelé et est allée s'asseoir dans la cuisine, près du poêle, en soufflant des ronds de fumée qui montaient au plafond.

Elle est restée deux semaines. Dans la journée, elle était étonnamment calme, parlant très peu en général et presque pas aux enfants, ce qui ne l'empêchait pas de nous observer avec attention. Après que nous étions allés nous coucher, elle n'était plus du tout silencieuse. Nous l'entendions discuter vivement avec mon père jusque tard dans la nuit. Ils conversaient en allemand. Les sonorités et le rythme insolites de ce langage apparemment heurté rendaient l'atmosphère pesante. À mesure que les cordes vocales de mon père retrouvaient les intonations de sa langue maternelle, elles l'éloignaient de nous. Je n'avais jamais entendu parler allemand car il refusait de le faire à la maison. Pour lui, cette langue était toujours synonyme d'oppression, et s'il l'employait, c'était comme s'il prenait des distances avec lui-même.

Le matin, mes parents et Toni étaient pâles et semblaient éreintés. En dépit des demandes insistantes de mon père, ma tante s'obstinait à fumer dans la maison. Il s'inclina et elle fut par conséquent la seule personne qu'il autorisa jamais à le faire. Un jour, j'ai demandé à mon père :

Vous parlez de quoi tous les deux ?

De rien.

Vous discutez beaucoup.

Tais-toi.

Si elle continuait de peu s'adresser à nous dans la journée, chaque soir elle s'entretenait sans fin avec mon père et je voyais, nous voyions tous, qu'elle commençait à l'épuiser.

Puisque c'était l'été, elle est venue à Ynyslas avec nous, fumant à la chaîne sur la banquette arrière au point qu'on avait du mal à respirer. Dans l'ascension vers les réservoirs, elle a remarqué sans l'exprimer leur beauté majestueuse, absorbant le paysage dépouillé de ses yeux sombres, tournant lentement la tête quand nous longions les lacs. La cendre de ses cigarettes voletait puis se déposait sur les sièges tandis que nous passions devant les tourelles et les parements de pierre des retenues. De temps à autre, elle fermait doucement les paupières, les faisait glisser sur ses cornées comme pour s'assurer qu'elle était bien là, sidérée d'être en compagnie de son frère cadet – le rêve d'une survivante. Curieusement, le trajet ne lui paraissait pas dangereux ; au contraire, elle avait l'air détendue, contemplait le panorama qui s'étendait au-delà des barrages, l'assimilait presque, avec une extrême concentration. On aurait dit qu'elle voulait combler quelque chose. Lorsque mon père a lâché le volant et s'est mis à crier, elle s'est moquée de lui et, au lieu d'avoir peur, elle s'est exercée à prononcer le nom des villages que nous traversions – Cwmystwyth, Pont-rhyd-y-groes, Abermagwr, Rhydyfelin.

Une fois sur la plage, je l'ai accompagnée en silence au bord de l'eau. Je lui ai montré les dunes et suis resté à ses côtés pendant qu'elle allumait avec dextérité sa cigarette en plein vent. Nous avons gravi la plus haute butte et contemplé de la crête les vagues qui se brisaient au loin sur un banc de sable avant de déferler doucement sur les bas-fonds, recouvrant la plage d'une large frise d'écume fine. Elle s'est tournée vers moi. J'ai noté que ses yeux ressemblaient beaucoup à ceux de mon père – d'un bleu vif très particulier, proche de celui du myosotis. Elle m'a dit :

« Si l'on rêve suffisamment longtemps et qu'on a la patience, on peut tout obtenir. »

Surpris de l'entendre prononcer une phrase entière, ne sachant que répondre à cette curieuse affirmation, je me suis contenté d'un sourire gêné, face au vent, un pied posé sur l'autre. Je n'avais pas la moindre idée de ce dont elle parlait. Je comprenais qu'elle essayait d'entrer en contact avec moi, qu'elle me tendait quelque chose, mais j'ignorais ce que c'était. En tirant une bouffée, elle a répété :

« Il faut avoir la patience. »

Pris de court, me sentant obligé de réagir d'une façon ou d'une autre, je lui ai montré comment effectuer correctement un atterrissage en parachute et lui ai proposé de sauter avec moi du sommet de la dune. Cette dernière culminant peut-être à six ou neuf mètres, elle a refusé en riant. Je lui ai donc fait une démonstration de mon astuce, qui consistait à prendre mon élan en courant puis à me propulser le plus haut possible. Après avoir touché terre dans un nuage de sable et m'être immobilisé, je me suis retourné et j'ai levé les yeux vers elle. Sous le soleil au zénith, cheveux dans le vent et cigarette grésillant, elle regardait la mer et non moi, manifestement peu impressionnée par ce que je considérais comme l'un des plus beaux exploits de mon existence.

Sur le trajet du retour, elle n'a pas ouvert la bouche. Elle paraissait enfermée dans son monde, accaparée par quelque chose qui était hors de notre portée – ma tante, que j'ai vue si souvent au cours de ces deux semaines et plus jamais depuis.

2.4

Je me réveille en sursaut, la bouche desséchée par l'air climatisé. De l'autre côté de l'espace qui nous sépare, mon père dort sur le dos, menton relevé, peau cireuse, orteils pointés vers le matelas en serge bleue de la couchette supérieure. Sa couette en coton blanc forme une tente au-dessus de lui, si bien que ses pieds dépassent, avec leurs ongles ébréchés jaune citron et le cou-de-pied particulièrement bombé que nous avons en commun. La bouche ouverte, son large torse tendu comme un tambour, les dents du bas tordues, cassées. Je m'appuie sur un coude et l'examine d'un regard clinique. Il s'est tassé, ses cheveux ont blanchi et se sont clairsemés, ses coudes se desquament, les muscles de ses mâchoires sont aussi durs que la pierre, ceux du cou rigides, hypertrophiés ; ses pommettes sont grêlées de cicatrices de boutons et sa peau, qui s'étire sur les tempes, est abîmée par le soleil ; sa pomme d'Adam tremblote en haut d'un larynx protubérant, ses plantes de pieds ont la teinte de la cire vieil or. De quoi avais-je peur ? Je me tourne vers la mer. Derrière l'épais double vitrage du hublot, les flots sont très en dessous de nous. La lumière de l'aube glisse sans bruit sur l'eau, réfractée, déformée. Elle rebondit, virevolte, s'épanche généreusement sur chaque vague et chaque moucheture.

À trente-cinq mètres de profondeur, les moteurs diesel du *Stena Britannica* trépident – des mastodontes mécaniques qui défient l'entendement, au nombre de quatre, boulonnés à la coque, onze étages plus bas. Conçus sur le même principe que les moteurs de voiture, mais à une échelle colossale, ils développent une puissance cumulée de quarante-neuf mille quatre-vingts chevaux-vapeur. J'essaie d'imaginer ce que donnerait le spectacle d'autant de chevaux en chair et en os à la proue du ferry, nous halant à contre-courant au-delà des balises, le long des couloirs maritimes, au milieu des ondes stupéfaites, galopant à une vitesse étincelante, eux-mêmes surpris et excités de leur nombre. Des chevaux à perte de vue, de toutes tailles et de toutes couleurs – de mine et de trait, pie, Shire et Suffolk Punch, hongres, étalons, juments –, piaffant dans les flots avec leurs étranges sabots cornés d'ongulés, reliés les uns aux autres par des longes de cuir. Des chevaux sur des kilomètres carrés, tirant sur les cordages pour faire avancer ce navire de la taille d'un village, avec ses véhicules et son ravitaillement, une agglomération entière. Un océan de chevaux se nourrissant d'avoine et d'herbe, chiant leur crottin couleur d'urine.

Mon père se réveille, redresse à peine la tête, puis la soulève de l'oreiller. J'observe ses yeux à l'instant où la conscience revient, repart, vacille brièvement. En reprenant pied dans le réel, il semble surpris. Il reste étendu sans rien dire, le regard vers le plafond, puis sort du lit, toujours muet, en slip kangourou blanc. Son dos est couvert de poils sombres, ses cuisses creusées de profondes estafilades – les cratères qu'ont laissés les abcès qu'il a eus enfant. Quand nous étions petits, il s'amusait à nous les montrer du doigt en souriant, presque en ricanant ; chacune avait son histoire. Aujourd'hui, elles luisent sous l'éclairage de la cabine, ces taches albinos, ces cicatrices dépigmentées, ces chapelets de peau d'une autre époque – l'histoire de l'Europe en bas-relief sur son corps.

Il se déplace dans la cabine avec d'infinies précautions, mains en avant, pieds en dedans, et va dans la salle d'eau, au fond de la cabine, qui sent la javel et le produit d'entretien. Je l'entends ouvrir les robinets, tirer la chasse. Il ressort, s'assied sur sa couchette, dégoulinant. J'avais oublié son habitude de ne pas se sécher après le bain ou la douche, et de s'habiller mouillé. Enveloppé dans une serviette nouée à la taille, il extrait lentement des vêtements de sa valise géante – des chaussettes en coton beige qu'il met un temps infini à enfiler, une élégante chemise à carreaux qui colle à sa peau moite, des boutons de manchette faits main qu'il insère dans ses poignets à revers avec une minutie tremblotante, un pantalon vert sapin délavé en coton sergé de chez Ede & Ravenscroft, qu'il a reçu par la poste et repassé avec soin, des chaussures marron qui brillent grâce à un mélange de salive et de cirage – manie de militaire. L'idée qu'on se fait de la garde-robe décontractée de l'Anglais d'un certain âge et d'une certaine classe sociale. Pour lui, c'est un costume où chaque détail compte, un camouflage destiné à mettre les gens sur une fausse piste ; un bouclier de tissu, une armure vestimentaire, une façon de détourner l'attention de son passé d'immigré qui a tout perdu. Il ne dit toujours rien. Je lui parle de la puissance des moteurs diesel, lui communique des chiffres, ce qu'il faisait avec moi quand j'étais petit.

Quarante-neuf mille quatre-vingts chevaux.
Vraiment ?
Tu imagines si autant de chevaux tiraient le ferry ?
De quoi tu parles ?

Je m'enferre, sans savoir pourquoi. Quelque chose me pousse à poursuivre malgré le trouble que déclenche son indifférence. Ma voix paraît lointaine, nerveuse, fatiguée, stridente. L'embarras qui me gagne emballe mon esprit, je ris intérieurement de ma tentative de communiquer, conscient d'être à côté de la plaque mais incapable de rectifier le tir. Mon respect pour mon père est encore là. En sa présence, je suis encore faible.

Devine combien de tonnes pèsent les hélices.
Je ne sais pas.
Il y en a deux. Devine.
Ça m'est complètement égal.
Vingt-deux tonnes chacune. Et le bateau, soixante-quatre mille.
Tu tiens ça d'où ?
J'ai regardé avant de venir.

Il se racle la gorge. Baisse les yeux. Serre les lèvres. À moitié habillé. Assis au bord du lit.

L'air est très sec ici.
C'est la climatisation.
J'ai la gorge qui me pique. Allons boire un café.
On a une longue route à faire.
C'est sûr.
Il y a mille kilomètres entre Hoek van Holland et Berlin.
Mille ?
Et retour. Ça ira ?
Comment veux-tu que je sache ?
Tu te souviens de ta Volkswagen Passat ?
Oui, très bien.
Elle avait des sièges à carreaux noirs et blancs.
Très confortable. Elle aurait été parfaite pour ce voyage.

2.5

J'ai seize ans. Je suis avec mon frère cadet Simon, qui en a douze et qui est si malade qu'il n'est pas plus gros qu'une allumette. Grand pour son âge, squelettique, des cernes profonds et charbonneux sous ses yeux bruns protubérants, une vilaine éruption d'eczéma sur tout le corps, la peau qui le démange sans cesse. « Arrête de te gratter ! Arrête de te gratter ! » De petites cloques sanguinolentes ressortent sur sa peau sombre au pli des coudes, ses joues sont poudrées d'une farine de cellules mortes, ses os, nettement visibles. Sa maladie chronique, rythmée par de sempiternels rendez-vous chez le médecin, sert de toile de fond à notre enfance. Son souffle rauque s'accroche à son œsophage ; ses lotions, potions, crèmes, shampoings spéciaux, médicaments contre l'asthme, comprimés multicolores encombrent la salle de bains. Cela dure depuis qu'il est rentré de l'hôpital où on l'avait gardé à la naissance en raison de « complications » et de difficultés respiratoires. Nous sommes à côté de mon père, lui-même à côté de la Volkswagen Passat diesel flambant neuve qu'il vient d'aller chercher ; ses sièges sont revêtus d'un tissu à carreaux noirs et blancs et elle est équipée de roues

Stargaze en alliage argenté. « Elles justifient largement le supplément, ne serait-ce que pour l'amélioration de la tenue de route », déclare-t-il comme s'il avait appris la brochure technique par cœur.

> *Incroyable ! Cinq litres aux cent, vous vous rendez compte ?*

Les Mini ont été délaissées depuis plusieurs années, les Land Rover revendues, son engouement pour les anciens modèles bon marché de petites Renault d'occasion lui a passé et voilà cette voiture. Enfin, pour la première fois, une automobile-tout-ce-qu'il-y-a-de-plus-normal-neuve-très-comme-il-faut. À un détail près : c'est une Volkswagen.

> Tu as toujours dit que tu n'achèterais jamais de Volkswagen.
> *C'est vrai.*
> Pourquoi tu as changé d'avis ?
> *C'est une très belle voiture.*
> Mais tu disais que tu les détestais.
> *Tais-toi.*

Il s'éloigne d'un pas martial. Un souvenir. Perturbant. Quel qu'il soit, je n'aurais pas dû le raviver. Je crois deviner, mais sans certitude. Il revient. Tire la poignée, soulève le capot équipé de vérins hydrauliques autobloquants.

> *Vous avez vu ? Des vérins hydrauliques pour un capot ! Il tient tout seul !*

Il se penche jusqu'à ce que la moitié de son corps disparaisse sous le capot. Sa cravate en laine bleu cobalt se balance, il agite les bras, nous montre la pompe d'alimentation, le tuyau de carburant, « les injecteurs qui pulvérisent le gazole dans les cylindres quand les pistons compriment l'air ». Il pointe du doigt dans plusieurs directions à la fois. « Courroie de pompe à eau. Courroie de transmission. Arrivée d'air. » Je regarde ses ongles rongés, non pas de haut en bas depuis l'extrémité, mais de la surface vers la chair, mâchés et remâchés jusqu'au sang, croqués par petits morceaux puis recrachés ou avalés, au point que, même s'ils ont la taille d'ongles normaux, ils sont creusés, perforés, brillent dans la pénombre. Je les examine de près car moi aussi j'ai la tête au-dessus du moteur. Ils sont de la même couleur que d'habitude : paille et urine, avec des nuances de safran et de sang. Leurs cannelures inégales sont dignes d'un songe à la Dalí, d'un détail de tableau de Bruegel l'Ancien, d'une installation du *Retour des réprimés* de Louise Bourgeois. Intitulés « Les ongles de l'extrême souffrance », ils ne détonneraient pas à côté de ses araignées géantes en métal soudé et de ses œuvres ténébreuses sur l'oppression. La sombre antithèse des promesses d'une onglerie, le pire cauchemar de la manucure.

Ne commencez jamais à vous ronger les ongles ! Jurez-le-moi ! Regardez ce que j'ai fait ! Je ne peux pas m'en empêcher. Regardez-les !

Il nous lance souvent cette injonction à l'heure des repas, en levant les mains pour nous montrer ses ongles, qui pourraient constituer la principale pièce à conviction d'une enquête criminelle sur les techniques de torture. Il reprend :

Le moteur diesel explose spontanément sous la pression alors qu'il faut une étincelle pour que le moteur à essence explose.

Je contemple, muet, l'enchevêtrement de tuyaux et de tubulures qui est de mon point de vue un embrouillamini incompréhensible. Simon, bien que malade et flirtant avec la mort, est beaucoup plus vif que moi, qui suis pourtant son aîné de presque cinq ans. Il demande :

Donc, papa, ça veut dire que si on mélange des vapeurs de gazole à l'air, elles explosent toutes seules ?
Seulement si on les comprime au vingtième du volume de départ.
C'est la pression qui les fait exploser ?
L'air comprimé se réchauffe. S'il est réduit à un vingtième de son volume de départ, il atteint une température suffisante pour que les vapeurs qui ont été ajoutées entrent spontanément en combustion. C'est pour cela que les moteurs diesel ont un taux de compression de vingt.
C'est aussi pour ça qu'ils n'ont pas de bougies ?
Exactement.

Claquement du capot, ouverture de la portière. Mon père s'engouffre à l'intérieur, mettant à l'épreuve la solidité des ressorts du siège. Il est vêtu de sa veste en tweed couleur de feuilles mortes moucheté de fils moutarde, avec les chaussures cirées acajou que lui envoie chaque été à date fixe un bottier installé quelque part dans le pays (personne ne sait où car il refuse de le révéler à quiconque). « Me coûtent la peau des fesses/les seules qui me vont/vingt-six os dans chaque pied… peux pas me permettre de faire des erreurs dans ce domaine. » Il ne porte pas d'autre modèle et il est hors de question qu'il se débarrasse des vieilles paires au-cas-où-il-en-aurait-besoin. Du coup, il y en a toujours une dizaine dans la maison, à des niveaux d'usure variés. Cela va des neuves en parfait état qu'il réserve aux soirées, réceptions officielles et enterrements, aux très anciennes déjà ressemelées plusieurs fois, plus de dix ans au compteur, qu'il enfile pour jardiner – languettes rebiquant tristement, semelles décollées à moitié décomposées, lacets manquants. Elles sont l'illustration du parcours d'une chaussure, de son existence complète, des premiers instants aux derniers, dont les étapes s'alignent sur une étagère dans le placard sous l'escalier. La plupart sont lustrées quotidiennement au cirage Kiwi avec deux brosses en crin de cheval, « l'une pour appliquer, l'autre pour retirer », à l'avant, à l'arrière, sur les côtés, et dessous, entre la semelle et le talon. « C'est comme ça qu'on sait qu'elles ont été cirées correctement. »

Il tourne la clé, ferme la portière, baisse la vitre, donne un coup d'accélérateur (quatre-vingt-deux chevaux), fait crisser les pneus une fraction de seconde et gicler les gravillons, puis file vers « quelque chose d'important/peux pas traîner à bavarder toute la journée/promis d'aller voir M. Jones pour sa pneumonie/vais donner mon sang/faire du parapente/à l'hôpital anesthésier un patient qui a une hernie/à mon cabinet/acheter du muesli au magasin diététique Van's » – « Faut être un sacré homme d'affaires pour faire marcher ce genre de commerce dans une si petite ville. Ça montre qu'on peut réussir quand on a l'esprit d'entreprise ».

Après son départ, mon frère et moi retournons dans notre petit monde. Entre nous, pas de paroles, rien à dire tandis que retombe devant la maison le nuage de poussière soulevé par les gravillons. L'énergie de mon père est si bouillonnante qu'une fois qu'il n'est plus là, je m'aperçois que j'étais en apnée, incapable d'aspirer suffisamment d'oxygène pour empêcher mon cerveau de partir en vrille comme il le fait toujours. Je suis apeuré, mais aussi exalté, plus vivant, à la périphérie de ces tornades pareilles à la lumière qui pénètre dans l'eau, une cascade de vie. Au loin, le moteur poussé à ses limites s'emballe, s'époumone, les roues adhèrent à peine au macadam. À mesure que mon père disparaît de notre vue et que le bruit de sa voiture neuve faiblit, nous percevons de nouveau le chant des oiseaux, grives, moineaux, pigeons, le vent dans les arbustes, l'air frais sur notre visage. Mon maigre frère et moi partons chacun de notre côté. Lui dans sa chambre tapissée du sol au plafond de photos d'aéronefs – avions, hélicoptères, autogires, jets, turbopropulseurs, prototypes artisanaux en contreplaqué, balsa, cuivre et autres matériaux aussi grotesques qu'inadaptés, au train d'atterrissage bricolé avec des roues de brouette et, selon sa formule énoncée avec le plus grand sérieux, « des pneus en caoutchouc, évidemment, pour faciliter l'arrivée en douceur ».

Et moi, dehors. N'importe où, mais dehors. Par tous les temps, au grand air, seul, au large, sur les chemins, avide d'oxygène – inspire-expire, inspire-expire –, gonflant ma poitrine, mon pouls battant au creux du cou. Par-delà les haies, devant les aubépines aux nuages de fleurs d'un blanc frais qui, au printemps, s'épanouissent du jour au lendemain, en masse, sans prévenir, et reviennent chaque année comme une bénédiction, elles qui sont gris sombre en hiver, presque mortes, et se confondent avec le ciel bas. Plus loin encore, martelant d'un pied sûr les collines ondulantes qui m'acceptent dans leur silence, montant à l'assaut des buttes, bondissant, trébuchant, tombant, dévalant les pentes, pieds fléchis dans la tourbe moelleuse, me frayant un chemin dans les fougères au-dessus de la ligne des arbres, escaladant les rochers jusqu'au sommet, enfin libéré de l'insistant contrôle de connaissances sur les secrets de ce putain de moteur à combustion interne, qu'il soit à essence ou diesel.

2.6

Le sentiment d'isolement et la solitude sont de singuliers camarades qui m'ont accompagné, d'abord par paliers puis très vite me submergeant totalement. À la fin de ma scolarité, m'étant plus ou moins débrouillé pour rater presque tous mes examens, je me suis fait embaucher comme ouvrier agricole dans le Bedfordshire. Je logeais dans une petite caravane au plafond jaune d'or où je crevais de chaud l'été et pelais de froid l'hiver. Je dormais tout habillé dans un sac de couchage sur lequel j'avais étalé mes vestes. Le matin, je cassais la glace dans la cuvette où je lavais la vaisselle. N'ayant ni amis ni famille dans les environs et travaillant quasiment toujours seul, j'ai commencé à me replier sur moi-même, à avoir des difficultés à parler aux gens ; on aurait dit qu'à force de ne pas servir, les muscles de mes mâchoires s'étaient atrophiés.

La caravane était un vieux modèle dépourvu de toilettes et de douche, et j'étais autorisé à utiliser celles de la ferme. On me fournissait également le repas du soir. Après que le cultivateur et sa famille avaient dîné, je mangeais seul dans l'arrière-cuisine et rentrais à pied à travers champs, dans la nuit noire en hiver. Au début, les travaux agricoles me plaisaient et m'apaisaient. Mes collègues, M. Laird et Cyril Serjeant, veillaient sur moi. Le premier, borgne et diabétique, souffrait d'une hernie et portait un pacemaker. Il m'a appris à être patient et à me calmer, à enfoncer les clous au marteau, à scier du bois sans prendre de risques, à me servir d'un merlin, à installer un poteau de barrière, à rassembler les moutons, à faire ami-ami avec le bétail avant de le déplacer, à bétonner la base d'un silo, à réparer la boîte de vitesses d'un tracteur Massey Ferguson – tout cela pratiquement sans prononcer une parole.

Un soir, alors que je dînais à la ferme, j'ai lu en première page de l'*Evening Post and Echo* la grande nouvelle du jour : un homme avait tué sa femme avec une aiguille à tricoter. Il était en cavale et l'article avertissait les lecteurs qu'il était dans la région et qu'on ne devait s'en approcher sous aucun prétexte. Au cours de la nuit, j'ai été réveillé par des secousses à la porte de la caravane. J'étais paralysé de peur, convaincu que l'assassin à l'aiguille à tricoter s'apprêtait à faire irruption. Plusieurs chocs se sont succédé, puis la poignée a tourné. J'avais participé peu de temps auparavant au chantier de peinture d'un hangar d'hélicoptères à Sumburgh, dans les îles Shetland, où j'avais fait équipe avec un type qui se faisait payer pour tabasser des gens. Il m'avait confié que si l'on voulait amocher quelqu'un la nuit, il fallait l'aveugler avant de le frapper, de préférence avec des phares de voiture, pour qu'il ne puisse pas voir son agresseur. Avec ce souvenir en tête, j'ai tendu lentement la main vers ma torche ; mon intention était d'ouvrir la fenêtre proche de ma couchette, de braquer le faisceau sur le tueur et de prendre mes jambes à mon cou. J'ai attendu la secousse suivante et j'ai poussé la fenêtre avec force. Mais au lieu de l'ouvrir, j'ai passé le bras à travers la vitre. Le bruit m'a assourdi et la lampe a éclairé les champs plongés dans l'obscurité, les reflets des débris de verre sur le sol et mon avant-bras et mon poignet, hérissés d'éclats, qui saignaient à cause des coupures. Il n'y avait pas de meurtrier. J'ai regardé s'enfuir les moutons qui étaient venus à ma porte. Tout en retirant, trempé de sueur, les morceaux de verre et en voyant mon sang dégouliner, j'ai compris que je ne tournais pas rond et que quelque chose, au fond de moi, était cassé. Mais je ne savais pas ce que c'était, ni comment l'atteindre, car je ne possédais pas le langage qui m'aurait permis de communiquer avec moi-même.

2.7

Nous sortons de la cabine et avançons dans les couloirs sans fenêtres. Un panneau indique un « Espace restauration » en haut d'une volée de marches tendues de moquette bleu turquoise et éclairées par des bandes LED. En montant, nous découvrons sur une porte une affichette indiquant « Café des routiers » avec en dessous, en petits caractères : « Réservé aux routiers ». Dans l'entrebâillement, mon père aperçoit une des choses qu'il préfère : un petit déjeuner complet.

Tu as vu ce qu'il y a là ?
Oui.
Petit déjeuner anglais.
Je sais.
Complet.
J'ai vu.
Allons-y.

Tout à coup, il déborde d'énergie.

On n'a pas le droit.
Pourquoi ?

On ne conduit pas un poids lourd. Il s'appelle « Café des routiers » parce qu'il est pour les routiers.
Routiers. Quel mot débile. Qu'est-ce que ça veut dire ? On emprunte tous la route, que je sache.
Les mots sont adoptés en fonction de leur usage. La langue fluctue, elle n'est jamais rigide, gravée dans le marbre ; le sens évolue en permanence…

Je m'entends prendre un ton pompeux, moralisateur, et un manque de confiance subit m'empêche de terminer ma phrase. Je retombe dans mon mutisme coutumier qui, parce que je ne sais comment en sortir, même après tant d'années, se transforme immanquablement en silence pénible et tendu à la Pinter. Nous sommes plantés sur la moquette à l'entrée du Café des routiers, tels deux personnages de Beckett, indécis et muets – Pozzo et Lucky.

Il y a du bacon, des œufs, des saucisses, du boudin, du pain de mie frit et des tomates.

Ses yeux se plissent de contentement.

On ne peut pas entrer. C'est pour les chauffeurs de camions.
Ça va déranger qui ?

Je vois monter en lui une vigueur qui le ragaillardit, le fait se redresser. Les contours de son buste se découpent avec plus de netteté sur l'arrière-plan. Il est en train de rassembler les forces de son monde intérieur. Il a décidé d'aller au Café des routiers, que ce soit autorisé ou pas. Je réponds :

Je serai très mal à l'aise.
Arrête tes conneries.
De m'asseoir là.
Tout le monde s'en fout.
En sachant qu'on va nous demander de partir d'une seconde à l'autre.
Pourquoi faut-il toujours que tu t'inquiètes ?

Avec une fougue surprenante, il pousse la porte à double battant et entre d'un pas décidé. On dirait le shérif dans un western. Je le suis d'un pas traînant si bien que, lorsqu'un des battants se referme, je le reçois dans l'épaule droite et manque de perdre l'équilibre. Simultanément au western dont il est la vedette, je joue dans un film qui se déroule en parallèle, dans les mêmes décors, tourné à la même vitesse – mais moi, je tiens le rôle principal d'une comédie dramatique sur le manque de confiance en soi et le fait que rien ne se passe jamais comme prévu.

Il saisit un plateau, l'essuie avec sa manche dans une extravagante démonstration du respect des règles d'hygiène et le pousse sur la glissière chromée vers le comptoir du petit déjeuner anglais. Je le suis en direction des jattes en grès placées sous des spots individuels, garnies de champignons rissolés, bacon, boudin, tranches de pain frit, œufs. Les routiers, assis, lisent tranquillement. Un téléviseur est allumé au fond de la salle. Sur le bandeau rouge qui clignote en bas de l'écran, les annonces sont rédigées en anglais mais le présentateur lit les nouvelles en néerlandais. J'entends une voix derrière moi.

« Vous avez un billet poids lourd ? »
Non.
« Dans ce cas, vous ne pouvez pas manger ici. Vous êtes au Café des routiers. »
Bien sûr.

Je me retourne vers un grand Hollandais d'une bonne cinquantaine d'années, très digne, vêtu d'un uniforme noir, qui s'exprime d'un ton calme et mesuré.

« Le restaurant des passagers est à l'étage supérieur, par l'escalier. »
Qu'est-ce qu'il y a ?

Cramponné à son plateau comme s'il n'avait jamais rien possédé de plus précieux, mon père a haussé le ton. L'homme répète :

« Ce café est réservé aux routiers. »
N'importe quoi.

Mon père se rengorge, étire sa colonne vertébrale, respire profondément.

C'est quoi, d'abord, un routier ?
« C'est un conducteur de poids lourd. »
Ça rime avec enfoiré.
« En effet. »

Enfin, c'est tout de même incompréhensible. Pourquoi les gens ne parlent-ils pas normalement ? Ça me dépasse.

« Le petit déjeuner des passagers est servi à l'Espace restauration. »

Vous l'avez déjà dit.

« En haut de l'escalier, dans l'aile droite du pont 10. Il est desservi par un ascenseur si vous en avez besoin. »

Je n'ai pas besoin de votre connerie d'ascenseur. Je suis parfaitement capable de monter des marches.

« Bien sûr, monsieur. »

Très mauvais pour la santé, ces engins.

Allez viens, papa.

Hans me regarde, puis l'employé dans sa tenue repassée.

J'écrirai à la direction pour me plaindre.

« Pour quel motif ? »

Au motif qu'on m'a refusé l'accès du Café des routiers.

« Aucun problème si vous le faites, monsieur. »

Il a répondu sans animosité, avec un sourire aimable. Ses yeux noisette aux paupières lourdes sont en partie dissimulés par les reflets de la monture métallique de ses lunettes, son front plissé par la pression de devoir assurer une « expérience exceptionnelle » à des clients tels que mon père. Nous nous attardons sur le palier. « Ça valait le coup d'essayer », lance mon père. Son pas est plus élastique, presque juvénile, et sur ses joues le réseau de capillaires a pris des couleurs. Dans l'escalier, il est alerte, les muscles de ses jambes fonctionnent, le sang bat dans ses veines, l'adrénaline coule : la tension de cette confrontation au Café des routiers lui a redonné la pêche.

Juste avant de pénétrer dans l'Espace restauration, nous remarquons deux énormes fauteuils massants électriques. Il s'arrête pour les examiner. « Vise un peu, dit-il comme s'il s'agissait d'animaux de la savane rarissimes. Des fauteuils massants. » Il se penche vers le texte publicitaire imprimé en caractères bulle rouges et violets puis le lit à voix haute, à la manière d'un sage délivrant un message important aux masses suspendues à ses lèvres : « Ces fauteuils s'engagent à effectuer… » Il s'interrompt, se racle la gorge et reprend en baissant d'un demi-ton : « Ces fauteuils *s'engagent* à effectuer un massage zéro gravité, un soin en trois dimensions pour le corps tout entier. » Les gens passent près de nous, des familles ou des groupes d'amis, habillés ou en pyjama. Une petite fille monte les marches lentement en tenant une immense girafe au cou abîmé. Deux garçonnets déguisés en super-héros, l'un roux, l'autre brun, nous doublent en courant, des modèles réduits de tractopelle à la main. « Quelle-syntaxe-débile. Le-type-qui-a-écrit-ces-conneries-mériterait-d'être-fusillé », s'écrie mon père en plissant les yeux, avec une expression de concentration butée qui le raidit.

> « Au lieu de toucher à l'aveugle des zones éloignées des points névralgiques, ces fauteuils *s'engagent* à cibler celles qui nécessitent un massage ferme et relaxant. »

Il s'interrompt et se tourne vers moi.

Je vais essayer. C'est assez convaincant. Ça coûte quatre livres. Tu les as ?

On distingue sur l'assise des traînées de transpiration et des peaux mortes. Il s'en dégage une vague odeur. Il est 6 heures du matin.

Quatre livres ?
En pièces.
En pièces ?
Évidemment.
Oui, je les ai.

Il se rue sur le fauteuil le plus proche, si imposant qu'il paraît tout petit dedans ; ses jambes et ses bras deviennent minuscules au milieu de la masse de vinyle rembourré. Je suis persuadé qu'il émane de ces sièges une aura de violence contenue puis je finis par comprendre qu'ils ne sont pas en cause. Ce sont mes sentiments de colère rentrée, ma propre agressivité, que je projette sur deux fauteuils en skaï noir. Tout cela en raison des circonstances malheureusement familières dans lesquelles je me trouve : je ménage mon père, je me soumets à lui tout en me comportant comme son auxiliaire de vie. J'ai l'impression d'être un travailleur social. Ou d'avoir été condamné à des travaux d'intérêt général. Par le juge du comté. De purger une peine pour un délit mineur.

J'insère les pièces dans la fente métallique sur l'accoudoir. Elles dégringolent l'une après l'autre dans une série de goulets mécaniques et tombent au fond du collecteur en produisant une sorte de *ding*. Des sons rassurants qui rappellent la fiabilité de la pesanteur. J'introduis la dernière pièce et me recule aussitôt, inquiet de ce qui va suivre. Il ne se passe rien. Le fauteuil est inerte. Furieux, mon père tape dessus avec ses poings, ses jambes, se relève, le bourre de coups de pied. Je lui dis :

Il est cassé.
Ça nous a coûté quatre livres.
Allons manger.
Non, mais sans blague…
Écoute, il faut que je prenne un café. Pas toi ?
D'accord.

Nous montons au niveau supérieur, poussons une seconde porte à double battant et pénétrons dans l'Espace restauration. Il n'est pas tout à fait 6 h 15 et je suis exténué. En présence de mon père, je ne suis qu'une loque, sur le plan physique et sur le plan affectif.

2.8

Ma mère détestait l'allée de M. Bubyage, qu'elle trouvait trop rectiligne, grise, voyante, disproportionnée par rapport à la petite pelouse qu'elle traversait, et par conséquent hideuse ; elle défigurait le jardin. Ce qu'elle voulait, au lieu du béton, c'étaient des pas japonais en ardoise locale. Elle s'était accrochée pendant des semaines avec mon père à ce sujet et, quand l'allée fut terminée, elle devint encore plus triste et se replia peu à peu sur elle-même sous le regard de ses enfants. Chaque fois que nous rentrions d'un long voyage dans la Mini rouge et que nous nous garions près du portail noir, elle levait les yeux vers l'allée et laissait échapper un long soupir.

Nous comprenions tous pourquoi cette femme belle et généreuse était triste. C'était parce que ma sœur Ruth était morte. Je la voyais souvent assise, en pleurs, devant une photo d'elle. Morte dans son couffin à l'arrière de la voiture. À l'époque, mon père possédait un cabriolet MG. Au retour d'une visite dans la famille, Jane et moi assis à l'avant avec ma mère, nous nous étions arrêtés sur une aire de stationnement entourée de grands pins. C'était le soir.

Ma mère criait, criait. Des années après, mon père m'a raconté ce qui s'était passé.

> *Nous étions allés voir George, le frère de Beryl, et nous rentrions à la maison. Ruth était dans son couffin sur la banquette arrière. En roulant, j'ai tendu la main derrière moi pour vérifier qu'elle allait bien et j'ai senti qu'elle était froide. Je me suis garé sur l'accotement et je l'ai prise dans mes bras mais c'était trop tard. Elle était morte dans la voiture.*
>
> Ça a dû être terrible pour vous.
>
> *Aujourd'hui, je ne mettrais pas un bébé là-dedans. On en sait beaucoup plus sur les morts subites du nourrisson.*

Il était retourné travailler le lendemain du décès. J'avais deux ans et demi, Jane, quatorze mois. Plus tard, on eut beau me répéter avec insistance qu'on ne m'en avait pas parlé et qu'il n'était pas possible que je m'en souvienne, je m'en souvenais très bien. Parce que j'avais entendu ma mère pousser un cri qui ne s'oublie pas – et que j'entendrais à nouveau un jour.

2.9

L'Espace restauration est vaste, accueillant, haut de plafond. Il occupe toute la largeur du ferry, avec de gros hublots de part et d'autre et de grandes baies à l'avant, qui permettent de contempler l'horizon et le jour qui pointe. Nous naviguons au milieu du trafic de la mer du Nord, une myriade de bateaux de tous gabarits, souvent proches de nous, avec leurs feux de position allumés – rouges à bâbord, verts à tribord. Nous nous asseyons à une table en formica sur des fauteuils rembourrés jaune canari ; le reflet du tissu nous donne le teint cireux de malades atteints de la jaunisse. « J'ai très faim, déclare mon père. J'ai très faim, je suis affamé, j'ai l'estomac dans les talons. — Je vais nous chercher à manger », réponds-je en partant vers le buffet. Je me sers d'œufs brouillés, pain de mie frit, champignons, tomates, toasts, tranches de salami, différents fromages, croissants, barquettes de marmelade, plus deux mugs de café. Je dois faire deux voyages en remplissant chaque fois un grand plateau marron. Nous mangeons en silence. Le soleil qui se lève de notre côté répand les lumières de l'aube sur les flots et ourle certaines vagues de reflets incandescents.

Le ferry se rapproche de la côte. Nous pénétrons dans le réseau de voies navigables qui a été aménagé autour des effluents du Rhin. À perte de vue, ce ne sont que ports, jetées, quais, bateaux, grues, conteneurs. À gauche, Hoek van Holland, à droite, une île artificielle faite de docks et de canaux. L'eau et la terre intimement mêlées, la lumière si vive qu'on dirait une membrane, d'épais lambeaux de clarté, un clair-obscur nimbant hommes et choses pareillement, une corne d'abondance ; la surface de la mer est vivante.

L'eau fourmille d'embarcations. Des remorqueurs tractent des enfilades de barges rouge brique rouillées, chargées à ras bord de pierres et de terre, avec au sommet une pelleteuse perchée de guingois. Les mariniers sont à la manœuvre, nonchalamment adossés à une porte basse en métal, fenêtres ouvertes, une main sur le gouvernail. À la poupe, presque au niveau de l'eau qui déborde sur le pont glissant, les hommes d'équipage, jambes écartées, orteils repliés sous les coques en acier de leurs bottes de sécurité, ont un centre de gravité très bas, au niveau des pieds et des mollets. Une activité qu'Avercamp aurait pu peindre.

Au loin, les bateaux alignés attendent d'être déchargés par les grues, cousins et cousines de ceux de Felixstowe. Les conteneurs sont soulevés, déposés sur les quais, déplacés par des grues à double treuil, plus petites, qui les répartissent et les empilent. Vert lichen, bleu-gris ou brun rouille, blanchis par le sel, emplis de marchandises venues du monde entier, ils seront transférés sur les semi-remorques qui font la queue avant de partir vers Rotterdam, le plus grand port d'Europe occidentale.

Le plus saisissant, ce n'est pas seulement la lumière ou la topographie des lieux. Ce n'est pas non plus l'activité frénétique qui évoque celle d'une ruche. C'est l'ampleur de l'emprise humaine sur la terre et la mer : ici, tout a été modifié et reconfiguré pour satisfaire aux besoins de la navigation. Les fonds marins ont été dégagés, les chenaux dragués plus profondément, des hectares de terres défrichés, des lacs artificiels aménagés, des rivières déviées, d'énormes barrages construits, plusieurs centaines de kilomètres de digues élevés. C'est certes le résultat d'un travail considérable, mais aussi d'une réflexion intrépide : cette zone s'est développée sur plusieurs siècles, d'abord en gagnant de petites surfaces sur la mer, jusqu'à ce qu'elle devienne un État, les Pays-Bas, dont la moitié de la superficie est à moins d'un mètre au-dessus du niveau de la mer, et un quart en dessous. Une nation submergée née de l'imagination des hommes.

Incroyable, non ?

Le petit déjeuner ?

Ces docks. Tu t'en souviens ?

Pas vraiment.

C'était comment, à l'arrivée du *Kindertransport* ?

Les bateaux étaient beaucoup plus petits. Il y avait des centaines d'hommes sur les quais qui transportaient les marchandises. C'était avant les conteneurs.

Les gens vous ont fait signe quand vous êtes montés à bord ?

Non.

Sur les photos du *Kindertransport*, on voit des adultes agiter la main pour encourager les enfants.

Personne ne s'intéressait vraiment à nous.

C'est surprenant.

Pas tant que ça.

Tu te souviens de quoi sinon ?

Des milliers de vélos. À un moment, il y a eu un embouteillage et un policier a dû régler la circulation. Ils sont tous restés des heures debout sur une jambe, l'autre pied sur la pédale.

Il prend son mug et l'observe de plus près.

Tu sais qu'ils nous ont volé de l'argent ?

Les nazis ?

Les fauteuils de massage.

C'est pas grave.

Je vais me plaindre.

Ça ne nous a coûté que quatre livres.

Pour le principe.

Il n'y a plus qu'un marc brun et froid au fond de nos tasses. Les soucoupes dessinent des disques blancs sur les motifs marbrés de la table en formica. Nous n'avons rien laissé sur nos assiettes à part des traînées orange de jaune d'œuf mêlé de sauce tomate. Les deux plateaux marron ovales à rebord sont entassés par terre, nos couverts rassemblés, fourchettes pointant vers le haut, couteaux posés à plat, cuillers alignées sur la table. Dehors, des goélands marins au bec jaune recourbé tournoient avec leurs ailes d'une puissance phénoménale. L'instant est si intense et si banal à la fois que je pose enfin la question que j'ai mis des années à élaborer.

Les enfants du *Kindertransport*...
Oui ?
Qu'est-ce qu'ils faisaient ? Sur les photos, on les voit jouer du violon ou blottis les uns contre les autres pour se réconforter.
Pas dans mon train.
...
Ils pleuraient.
...
Tout le long du voyage.
...
Un chagrin immense.
...
Moi, je ne pleurais pas.
...
Les gardiens nazis sont descendus à la frontière allemande.
...
J'ai ouvert la fenêtre. J'ai regardé la campagne défiler.
...
Ma mère m'avait dit que je partais en vacances.
...
Que je rentrerais chez nous dans quelques semaines.
...
Et je l'ai crue.

Il s'interrompt. Il ne peut développer sa prochaine pensée. Il en est incapable. Nous restons assis sans parler. Voilà. Une petite partie a été dite. Des mots se sont formés, ils ont franchi ses lèvres, ont été portés par l'air. Il soulève son mug et scrute le marc. Un silence. Solide.

Nous approchons du quai. En même temps que la vitesse des moteurs augmente, les hélices tournent à l'envers pour ralentir la progression. De grands remous remontent à la proue. Le ferry vibre, trépide, secoue les tasses, les soucoupes, et même la table. Les oscillations se propagent à la coque qui gémit dans un râle d'agonie, les tonnes de métal se cabrent contre le changement de direction. Puis le *Stena Britannica* commence à se déplacer « en crabe » grâce aux propulseurs d'étrave, un jeu d'hélices fixé à la proue de la quille. Il se tracte latéralement, parallèlement au quai. Tel un géant se déplaçant sur la pointe des pieds, il vient se coller au poste d'amarrage avec une incroyable douceur. Nous regardons les grelins d'arrimage remonter vers le quai.

Il n'y avait pas de panneaux en Hollande.
Qu'est-ce que tu veux dire par là ?
Pas de panneaux « Keine Juden ». *Interdit aux Juifs.*
Ah, d'accord.
Pas d'étoiles jaunes sur les magasins d'Amsterdam.
...
Personne ne m'a craché dessus.

Un appel au haut-parleur invite les propriétaires de véhicules à se rendre au point d'embarquement situé au niveau 6. Après avoir récupéré nos valises dans la cabine, nous patientons sur les sièges en plastique bleu. D'autres passagers sont déjà là, assis ou affalés sur leurs bagages, bâillant, le corps encore ensommeillé. Les conducteurs de poids lourds, regroupés non loin de nous, battent la semelle, ne tiennent pas en place. Une seconde annonce leur demande de rejoindre leurs camions, puis la chaîne est retirée pour nous permettre d'accéder au pont-garage. L'ascenseur est en panne et nous devons descendre douze étages à pied. Je propose à mon père de porter sa valise, mais il décline et prend l'escalier seul. Il est suffisamment vigoureux pour rattraper les gens qui nous précèdent ; son énergie est totalement en décalage avec son âge. Une fois sur le pont, nous chargeons les valises dans le break de mon frère et avançons lentement dans les entrailles presque vides et résonnantes du ferry, avec le goût des gaz d'échappement sur la langue. Nous ressortons par l'avant. Des hommes en orange nous indiquent de quel côté rouler, nous descendons la rampe métallique marron, franchissons les portes des docks et pénétrons aux Pays-Bas.

2.10

Quand M. Bubyage est tombé malade, il est parti à l'hôpital et a demandé à mon père de s'occuper de ses deux ruches en son absence. Mon père a accepté et je l'ai accompagné chez M. Bubyage en ruminant en silence sur le siège en similicuir gris de la toute dernière Mini. Il est entré dans la petite maison mitoyenne en briques rouges. J'ai attendu devant, puis, poussé par la curiosité, j'ai remonté l'allée en béton coulée avec soin, je suis passé devant sa bicyclette noire et me suis aventuré dans les petites pièces sombres de son foyer. Elles étaient pour ainsi dire vides. Des manteaux étalés sur son lit remplaçaient les couvertures, et il s'éclairait à la bougie. La chambre, d'une propreté irréprochable, ne contenait qu'un petit lit en fer. Même pas un radiateur électrique ni de photographie. En faisant le tour de la maison, qui sentait le savon carbolique, je n'ai rien vu à part deux maillots de corps blancs sur un cintre métallique suspendu à un crochet au mur de sa chambre. Mais derrière une petite porte dans la cuisine, j'ai découvert un cellier blanchi à la chaux et rempli d'étagères avec, sur toute une paroi, une centaine de pots de miel ambré, empilés et datés, qui miroitaient sous la lumière tombant d'une petite fenêtre au vitrage renforcé.

Un peu plus tard, par ce bel après-midi d'été, je me suis retrouvé dans le champ où M. Bubyage avait installé ses ruches. Mon père avait demandé à son ami M. Jones de lui donner un coup de main. Il était là à notre arrivée, vêtu de pied en cap de sa tenue d'apiculteur, avec un chapeau rond équipé d'un voile blanc. Il allait déplacer les abeilles de M. Bubyage vers ses propres ruches car ses abeilles venaient d'essaimer et les avaient désertées. Les ruches se trouvaient à plus de cinq kilomètres de ce champ, la distance requise pour que les abeilles ne soient pas perturbées par le déménagement. Ainsi qu'il nous l'expliqua :

> « Si l'on veut transférer des abeilles, la règle est de les transporter à moins d'un mètre ou à plus de cinq kilomètres. Plus c'est loin, plus l'opération a des chances de réussir. Une distance trop courte les désoriente car elles suivent leurs marqueurs habituels pour entrer et sortir de la ruche ; si l'entrée n'est plus au même endroit, elles ne sauront pas la retrouver, d'autant qu'en général elles sont épuisées par la récolte du pollen. Après le changement, les générations suivantes ne connaissent rien d'autre. »

À la fin de son discours, il a vérifié sa tenue, s'est avancé avec précaution vers la ruche et a soulevé successivement les cadres empilés jusqu'à ce qu'il parvienne à la reine. Malgré ses gestes sûrs, les abeilles, agitées, ont commencé à émettre un étrange bourdonnement qui a duré un bon moment. Tout à coup, une nouvelle reine vierge a surgi et s'est envolée vers la lumière à toute vitesse. Les mâles l'ont suivie dans un ballet endiablé et confus, cherchant désespérément à s'accoupler avec elle et à devenir le géniteur de la nouvelle ruche. La reine et sa suite volaient à une telle hauteur qu'elles ont disparu plusieurs minutes de notre vue. Puis le reste de l'essaim – les ouvrières – a quitté la ruche avec un bruit bizarre, inquiétant. Elles sortaient par myriades des petits orifices en nuées ininterrompues, volant en tous sens, si nombreuses que l'éclat du soleil en fut obscurci. Cette activité frénétique, destinée à éloigner tout danger, s'est intensifiée rapidement et de façon alarmante. Manifestement, leur vrombissement perturbait les oiseaux, qui piaillaient et s'envolaient pour se mettre à distance. M. Jones nous a demandé avec insistance de ne pas bouger en attendant qu'elles se regroupent non loin de là, sur une souche couverte de lierre. Elles ont mis assez longtemps à se calmer et à former une masse dense. Selon lui, elles avaient localisé l'endroit où la nouvelle reine s'était posée et étaient venues la protéger. Il nous a aussi expliqué qu'elles ne tuent pas en piquant leurs victimes mais en les étouffant : elles s'introduisent dans le nez des humains, descendent dans leur gorge puis dans leurs poumons. Nous devions par conséquent nous tenir à l'écart de la souche.

Je me suis néanmoins dirigé avec mon père vers elle, en retenant ma respiration, et nous sommes restés plusieurs minutes à côté. Et là, j'ai pu observer de près le pouvoir à la fois obscur, impressionnant et redoutable de la masse grouillante.

3.1

L'approche de Hoek van Holland à bord du *Stena Britannica* a été très ensoleillée. À terre, en revanche, nous nous enfonçons dans une brume côtière si compacte qu'on se croirait sous l'eau – le ciel est voilé, les objets sont flous. C'est une surprise après la lumière que nous avions en mer, mais cela se produit parfois sur le littoral en cette saison, lorsque le soleil réchauffe une mer déjà froide. Je baisse la vitre, sors la main à l'extérieur, la sens se rafraîchir tandis qu'elle trace un trait dans l'éther soporifique. Nous progressons à une allure d'escargot. La voiture se remplit de brouillard et la température devient glaciale. « Ce temps me rappelle le pays de Galles », dit mon père.

Parce que les panneaux sont peu visibles et que mon sens de l'orientation est déplorable, je ne sais pas du tout où nous sommes. Je suis à la fois perturbé par le brouillard et par la signalisation néerlandaise : notre route change de dénomination à mesure que nous avançons.

Tu peux me dire où on est, bordel ?

Je n'en suis pas très sûr.

Ne me dis pas que tu ne sais pas ?

Sur la N211 ou l'E30. À moins que ce soit l'A4.

Ça ne peut être que l'une d'elles.

On dirait les trois à la fois.

Comment est-ce possible ?

Je l'ignore.

Tu n'as pas de carte ?

Si.

Où est-elle ?

Cette partie des Pays-Bas ne figure pas sur celle que j'ai.

Qu'est-ce que tu racontes ?

Elle ne contient qu'une moitié du pays.

Tu as acheté une carte de la moitié de la Hollande ?

J'ai acheté une carte d'Allemagne qui englobe l'est des Pays-Bas. Malheureusement, nous sommes encore à l'ouest. J'ai noté des indications par écrit.

Pourquoi tu ne t'en sers pas ?

Je les ai lues et elles ne sont pas claires.

C'est le brouillard.

Je m'arrête sur le bas-côté et sors de la voiture, autant pour tenter de me repérer que pour me ressaisir.

Il n'y a personne autour de nous et pas de circulation. Tout est calme. Je pose le bras sur le toit du break. Le voile de gouttelettes qui nous recouvre atténue la transmission des sons, les bruits sourds du bateau ont cessé, la brume cotonneuse est douce pour mes bronches et ma peau. Les maisons des alentours ont de grands toits de tuiles rouges très pentus et de larges corniches qui projettent une ombre légère sur le haut des façades. D'autres habitations en briques, inspirées des granges néerlandaises traditionnelles – la plupart peintes en blanc, gris, noir ou marron foncé –, ont un petit jardin à l'avant, avec des bordures basses, des bandes de pelouse, des massifs de fleurs sur une terre noire, des arbres sévèrement taillés. Dans l'une des maisons, quatre poiriers ont été palissés sur des câbles fixés au mur ; leurs branches sombres et dépouillées évoquent un dessin à l'encre sur papier blanc. J'entrevois à peine les bâtiments plus lointains, juste un miroitement de fenêtres, de mystérieux éclats lumineux, de faibles halos, une atmosphère nacrée. Je me remets au volant. Nous suivons Molenweg, Haagweg, Molenslag, jusqu'à Schelpenpad. La chaussée est de plus en plus étroite – et sablonneuse, ce qui est plus inquiétant. Puis elle prend fin. Elle ne va pas plus loin. Je coupe le moteur, pose le pied sur une fine couche de sable, le genre qui s'envole d'une plage. Devant nous, le flanc d'une digue se dresse à neuf mètres de hauteur, avec des marches menant au sommet.

Je gravis les degrés en ciment. Un épais brouillard ondule au-dessus de la mer sur laquelle nous voguions il y a peu. Au loin, j'entends le bêlement grave d'une corne de brume. En bas, des vaguelettes lissent une grève uniformément plate. Je descends sur le sable dur et mouillé. Des nuées d'embruns sont accumulées sur le rivage. Une mousse jaune et blanc. Mon père me rejoint.

Je ne peux pas croire que tu n'aies pas pris de carte.

Nous retournons dans la voiture. Je rebrousse chemin de mon mieux. Par endroits, la brume se dissipe à quelques dizaines de centimètres du sol, comme un rideau de théâtre à peine relevé au début de la représentation, qui ne laisserait voir que les pieds des comédiens et le bas des décors. Un bien singulier présage pour le commencement de notre périple.

Une illusion pathétique.
Quoi donc ?
Le brouillard aux prémices d'un voyage. Symbole de notre confusion.
Si tu le dis.
Ruskin.

Nous roulons sur une route à voie unique au sommet d'une digue qui domine le paysage de façon impressionnante.

Pourquoi tu ne te sers pas de ton téléphone ?
J'ai oublié de prévenir l'opérateur que j'allais à l'étranger. Il ne fonctionne pas.
Je ne sais pas comment tu fais pour survivre.

En contrebas, dans l'espace laiteux, on distingue les lisières des champs où de longues rangées de choux d'hiver et de choux de Bruxelles ont été plantées dans une terre noire prise sur la mer.

Nous nous éloignons des digues et parcourons un paysage de serres qui s'étale sur des hectares ; les nombreux éclairages suspendus rompent le motif régulier des toits inclinés. Le rythme de ces immenses structures vitrées m'évoque les accords répétitifs de la musique minimaliste – un concerto de toits de serres par Philip Glass. À certains endroits, elles se succèdent de chaque côté de la route. On dirait que la campagne est revêtue de verre et que les végétaux au feuillage dense poussant à l'intérieur appartiennent à un univers parallèle, chaud, humide et sans vent.

La brume se disperse enfin. Maintenant que je distingue la route, je m'arrête dans une station-service pour acheter une carte des Pays-Bas. Hélas, ils n'en vendent pas. Je demande à l'employé qui me sert s'il peut me dire où nous sommes. Il sort de derrière le comptoir un vieil atlas routier fatigué et l'examine attentivement. Il scrute les pages, les feuillette dans un sens, dans l'autre, finit par poser le doigt sur l'une d'elles, sans enthousiasme. « On est ici. » J'ai beau me pencher sur l'endroit qu'il indique, je suis incapable de me repérer. Il le soulève et, à la façon dont il saisit la couverture, je comprends que les cartes sont à l'envers. Il faisait semblant. Notre voyage est déjà suffisamment insolite sans qu'il soit nécessaire d'y ajouter les explications de quelqu'un qui consulte une carte à l'envers. Par chance, la femme qui sert aussi l'essence vient à ma rescousse. Elle prend l'atlas, le retourne, me montre notre position et l'itinéraire qui nous permettra de rattraper la route vers l'Allemagne.

Nous traversons La Haye et ses voies bien entretenues, ses ponts aux remblais tapissés de lierre, à l'arrière de maisons et de bâtiments aux parements de brique jaune et rouge à motifs symétriques, le long d'espaces verts, de ruelles et de magasins qui n'ont pas encore ouvert. Nous franchissons une série de petits tunnels obscurs, éclairés par intermittence de puits de lumière encastrés dans les rues sous lesquelles nous roulons. Après de grands immeubles à façade vitrée, des cyclistes sur des vélos droits, deux personnes promenant leur chien et un ou deux joggeurs, nous quittons le centre urbain pour la banlieue, quelques champs, et la campagne.

Nous nous engageons sur le réseau autoroutier qui irrigue harmonieusement le pays entier. Les chaussées sont silencieuses grâce à leur revêtement spécial. La signalisation est claire, bien placée, le rayon des courbes, régulier, ce qui est confortable et permet de réfléchir en conduisant. Le paysage s'étend à l'infini dans toutes les directions ; réduit au minimum, peu spectaculaire, il met en valeur le ciel et l'air céruléen.

Nous nous arrêtons dans la station-service AVIA Oldenzaal. Je fais le plein de gazole puis nous entrons dans le café contigu. Nous nous asseyons à une petite table carrée couverte d'une nappe en vichy rouge et blanc. La serveuse, grande et aimable, sourit gentiment à mon père. Sa tenue et son fichu ont été coupés dans le même tissu que les nappes. Nous commandons des cafés et des tartes aux pommes néerlandaises. Je savoure l'amertume du café noir épais, l'acidité des fruits et la légèreté de la pâte. « Particulièrement délicieuse. Cannelle et noix de muscade », dit mon père en la dévorant avant de reposer sa fourchette sur l'assiette.

On sera bientôt en Allemagne.

3.2

Il y avait deux façons d'accéder à Pentrosfa en voiture. La plus normale consistait à ralentir dans Wellington Road au moment de s'engager dans le virage en épingle au bas de la rue, à passer au point mort, à enclencher la première et à s'élancer tranquillement à l'assaut de la côte en contournant les nids-de-poule et en slalomant d'un accotement à l'autre à une vitesse à peine supérieure à celle de la marche. C'est ce que tout le monde faisait, à l'exception de mon père qui avait choisi une technique qu'il était seul à maîtriser. Il accélérait juste avant le lacet, pompait sur la pédale de frein en tricotant des pieds et des jambes, et rétrogradait brutalement tout en braquant d'un mouvement sec, coudes écartés, le grand volant à deux rayons de la Mini. Cette manœuvre avait pour effet de positionner la voiture, tous pneus crissants, au pied de la colline, qu'il attaquait ensuite. Si les autres conducteurs faisaient des méandres sur la chaussée à la recherche des parties les moins accidentées, lui redressait la Mini rouge, appuyait à fond sur l'accélérateur et, sans tenir compte des trous et des cailloux, fonçait droit sur eux, ce qui avait parfois pour conséquence de la faire décoller, un peu comme une pierre ricoche sur l'eau. Les roues n'étant plus en contact avec le bitume, le moteur se mettait à mugir, montait en régime en ahanant, la voiture faisait des embardées et bondissait sur les ornières avec des gémissements stridents.

Le bruit du métal malmené, conjugué à la vision de mon père tressautant dans l'habitacle et se cognant la tête contre le toit, provoquait l'admiration de mes copains et l'incrédulité de leurs parents. Lorsque nous jouions dans la rue, nous entendions la Mini avant de la voir gravir la côte et nous nous rangions en vitesse sur l'accotement pour nous mettre à l'abri et profiter du spectacle. Mon père dérapait dans un nuage de poussière, s'arrêtait invariablement au même endroit et sortait aussitôt en claquant la portière. Il ouvrait le portail, remontait d'un pas décidé l'allée de M. Bubyage et poussait la porte d'entrée noir et crème avec son corps puissant, ses cheveux en bataille et ses chaussures marron bien cirées.

C'était l'époque où Paddy Hopkirk remportait des rallyes en Mini. Leur petite taille et leur surprenante tenue de route dans les virages leur permettaient de damer le pion à des concurrentes beaucoup plus puissantes dans les collines galloises, et même de gagner Monte-Carlo – à trois reprises.

Il existait pourtant une différence fondamentale entre la Mini de mon père et celles qui disputaient des courses automobiles : ces dernières étaient consolidées par des barres métalliques à l'intérieur des portes, des arceaux de sécurité, des tôles de protection des carters et autres renforts structurels. Celle de mon père étant fabriquée en série, donc dépourvue d'équipements spéciaux, il la bousillait périodiquement, soit en heurtant le carter, ce qui avait pour effet de vider le moteur de son huile, soit, ce qui se produisit une fois, en retombant si violemment sur le macadam qu'une roue avant s'était détachée.

Il avait sans arrêt des accidents. Après l'un des plus sérieux – une collision avec un tracteur à Llanelwedd dont il eut la chance de sortir vivant –, il avait embarqué toute la famille dans la Mini verte toute neuve pour examiner les traces de freinage qu'il avait laissées en emboutissant la rouge. Il s'était garé sur le bas-côté, était allé au milieu de la route au risque de se faire renverser, et avait longé les traînées noires, deux grands zigzags couleur réglisse qui s'étiraient devant lui. Nous l'observions derrière le petit pare-brise pendant qu'il mesurait à pas comptés ces étranges lignes sinueuses. Ses calculs terminés, il était revenu vers nous, avait ouvert la porte dans un grand geste et, tout en s'asseyant sur le tissu rouge de son siège, s'était écrié, au comble de la satisfaction :

Elles font trente mètres de long ! Je devais rouler au moins à cent dix.

Sur ces mots, nous avions repris la route qui serpente le long de la Wye entre Llanelwedd et Llanfaredd puis jusqu'à Aberedw en franchissant de petits ponts en métal riveté ou en pierre. À ce niveau, la Wye est large et peu profonde ; elle gazouille sur son lit de galets en conversant tranquillement, comme si souvent en été, avec les frondaisons qui s'inclinent à son passage.

C'est sur moi que les accidents de mon père ont eu le plus d'effet. Le jour où j'ai reçu une voiture à pédales pour mon anniversaire, j'ai décidé de descendre Pentrosfa avec et j'ai foncé sur le montant du portail. C'était un ancien modèle, fabriqué dans une tôle épaisse, et elle n'a pas été endommagée. Je suis donc remonté au sommet de la côte et, à une vitesse qui me paraissait vertigineuse, je l'ai précipitée à nouveau contre le poteau. Le choc a été si violent que j'ai été projeté contre le volant. J'en ai pleuré de douleur mais j'étais fier de l'avoir cabossée. Bizarrement, mon père n'a pas fait le rapprochement et n'a pas compris mon comportement destructeur. Au contraire, il s'est mis en colère et a voulu savoir pourquoi je tenais tant à abîmer mon cadeau. Mais j'avais repris sa logique à mon compte : les voitures étaient faites pour rouler vite – et pour être détruites.

3.3

Non loin de Luttermolen, près de la frontière entre la Hollande et l'Allemagne, un pont ferroviaire posé sur des piles en béton cylindriques enjambe l'autoroute. C'est la voie de chemin de fer qui relie Berlin et Amsterdam. Un train ICE à grande vitesse apparaît. Le long museau pointu de la locomotive déplace de grands volumes d'air, les wagons défilent sur le tablier dans une courbe fluide et régulière puis redescendent au niveau du sol, où ils longent brièvement l'*Autobahn*. La rame avance plus vite que nous et disparaît de notre vue au moment où nous passons sous le pont qu'elle vient de franchir. Quelques minutes plus tard, nous roulons sous un portique, une sorte d'échafaudage vert pâle hérissé de caméras de surveillance, qui marque notre sortie des Pays-Bas.

L'Allemagne ?
Oui.

Les autoroutes germaniques sont plus étroites et leurs virages plus resserrés qu'en Hollande ou en Angleterre. Elles ont été construites dans les années trente, beaucoup plus tôt que dans d'autres pays. L'aménagement du réseau avait été placé sous l'autorité de Fritz Todt, inspecteur général pour les routes allemandes, qui fut promu ministre de l'Armement et des Munitions en 1940. La chaussée, moins plane et plus sonore, est en béton avec des joints de dilatation. Des panneaux indiquent la localité de Bad Bentheim.

Bentheim, c'est là que les nazis sont descendus du train.
Ah bon ?
La dernière gare avant la Hollande.
On s'arrête ?
Si tu veux.

Nous prenons la sortie et pénétrons aussitôt dans une épaisse forêt. La lumière danse devant nous sur la route. Une demi-douzaine de kilomètres plus loin, après un nouveau pont ferroviaire, nous tournons à droite dans le parking de la gare de Bad Bentheim. Nous descendons de voiture et le traversons pour aller sur le quai. Le bâtiment est en briques, dont certaines forment des motifs, soulignées de parements de bois sombre.

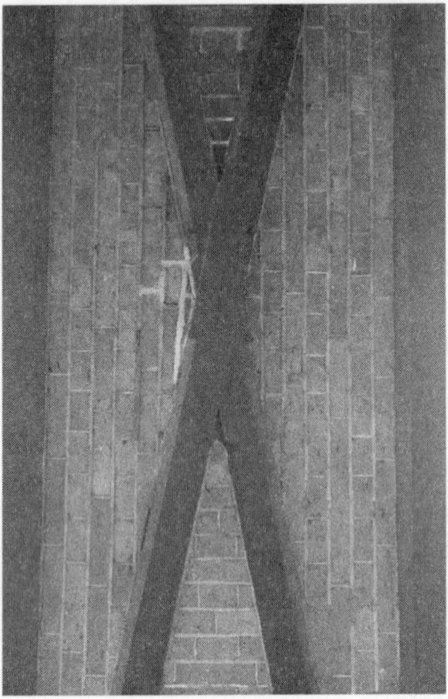

C'est là qu'on s'était arrêtés. Je m'en souviens.

Au bout du quai, des rails désaffectés, pris d'assaut par les ronces, s'enfoncent dans le bois. Les voies de service sont envahies de bouleaux qui étirent leurs branches vers le ciel. Deux locomotives de manœuvre, avec sur le nez un V inversé peint en épaisses lignes jaunes et noires, sont stationnées. Une ligne secondaire s'étire au loin. Mon père se tient le ventre.

Il faut que j'aille aux W.-C. Ça urge.
Il y en a sur le parking. Je les ai vus en arrivant.

Nous nous hâtons vers les toilettes publiques, où il s'enferme. Je reviens sur le quai et m'allonge face contre terre. Le froid se diffuse dans mon corps et mon visage. Je pose la joue sur la surface rugueuse. Je sens dans mon dos un poids qui me comprime. Je ne peux pas me relever. Immobilisé, une fois de plus. Le sol m'appelle. Je l'embrasse, puis le repousse des deux mains pour me redresser. Mon père me rejoint. Petit, courbé.

J'étais à l'avant du train.
Ici ?
On avait tous soif.
Il faisait chaud ?
Très chaud. Le train a mis des heures. À l'époque, on était secoués dans les wagons.
C'était quel jour ?
Le dernier samedi de juillet 1939.

Pendant qu'il parle, son corps se raidit, ses yeux s'enfoncent, ses épaules se voûtent. Il frissonne. Change de couleur. Se ronge les ongles.

C'est la dernière fois que j'ai vu des nazis en uniforme.
…
Ils avaient des chiens.
…
Je voudrais m'asseoir.

Je lui montre du doigt, en face de nous, le Bentheimer Hof. Nous partons à pas lents en repassant sous le pont. Mon père frissonne. Des camions chargés de troncs d'arbres abattus dans les environs nous frôlent. Nous entrons dans l'hôtel et attendons à la réception devant le comptoir en bois sombre. Personne ne vient malgré notre coup de sonnette. Nous avançons dans la bâtisse déserte jusqu'à une grande salle à manger où les tables sont dressées. Les murs sont ocre foncé, le plafond, blanc cassé ; d'épaisses tentures bordeaux brodées pendent de part et d'autre des fenêtres. L'une des cloisons est en chêne, incrustée de vitraux qui lancent des éclats rubis et grenat.

Nous nous arrêtons devant l'une des tables. Mon père est épuisé. Ses jambes se dérobent et il se laisse tomber lourdement sur une chaise. Une grande femme apparaît d'on ne sait où. Elle a des lunettes à monture métallique argentée et un appareil dentaire. Mon père lui demande « *ein Kaffee schwarz*[1] », que nous buvons en silence. Ses mains tremblent. Il y a des traces de sang sur ses ongles rongés.

1. « Un café noir ».

3.4

Paul était mon ami. Il vivait en face de chez nous, de l'autre côté de Pentrosfa. Son père se prénommait Bryn et personne n'ignorait que, pendant la guerre, Bryn avait volé sur des bombardiers Lancaster, que lui appelait des Avro Lancaster. Sur le ton de la confidence, Paul m'avait révélé que Bryn s'occupait des quatre moteurs lorsque l'avion était dans le ciel et qu'il vivait dans une « base aérienne ». C'était un homme menu et distingué, très à l'aise en société, si courtois qu'il semblait tout droit sorti du poste de télévision en bakélite marron et crème qui trônait dans un coin de leur salon jaune pâle, également pourvu d'un bow-window et d'une cimaise. Il émanait de lui une telle assurance et une telle confiance qu'on l'aurait dit venu d'un autre monde. Sa voix était sonore, péremptoire, et chacune de ses phrases, du premier au dernier mot, témoignait de son inébranlable conviction de leur importance. Il était généralement vêtu d'un pantalon de flanelle blanche, d'une chemise crème, portait des chaussures marron cirées et possédait une collection de gilets à losanges beiges, bleu pâle ou mauves, parfois mouchetés de rose fuchsia, toujours avec des boutons en os. Il avait d'épais cheveux blonds bouclés et des lunettes à monture de corne. Il respirait l'élégance décontractée. Même s'il ne l'évoquait jamais, les habitants du village savaient qu'il avait occupé un des sièges en cuir brun des célèbres cockpits, d'où il avait suivi par l'une des célèbres verrières le largage des bombes de son avion sur Berlin, réduisant ses rues en poussière, effaçant ainsi, avec ses camarades, l'histoire honteuse de la ville, semant la terreur et la mort parmi les coupables comme parmi les innocents.

Cela n'empêchait pas mon père et lui de discuter à bâtons rompus dans l'allée de M. Bubyage. Le murmure apaisant de leurs voix montait dans l'air du soir pendant que les moineaux toilettaient leurs plumes dans la poussière sèche de Pentrosfa et qu'une mésange bleue picorait le couvercle en aluminium des bouteilles de lait oubliées devant les portes depuis la livraison du matin. Côte à côte, solides et puissants, jambes fichées dans le sol, bassin droit et épaules rejetées en arrière, ils faisaient étalage de leur vie tandis que leurs ombres s'étiraient. Le flot de leurs paroles coulait à travers leur corps, leurs éclats de rire remontaient par vagues dans leur cage thoracique, ressortaient par les pattes-d'oie au coin de leurs yeux, et il paraissait insensé que l'un ait pris part à la destruction de la ville que l'autre avait fuie – le lien indicible qui les unissait.

C'est Paul qui me montra le secret un soir : les fouets de dressage pour chiens pendus à un clou sur le mur de l'abri de jardin. Cinq fouets en cuir, alignés. Il me raconta que son père lui demandait de choisir celui avec lequel il allait le corriger lorsqu'il avait commis une bêtise et devait être puni. Je compris enfin d'où venaient les bruits étouffés que j'entendais parfois le soir derrière les vitres de ma chambre : c'était Paul qui se faisait fouetter dans la cabane – de brefs sanglots contenus, dans le froid, alors que mon souffle conjugué à celui de ma sœur se transformait en givre sur la fenêtre.

Les murs du séjour de Bryn étaient tapissés de photographies le représentant avec ses compagnons devant son quadrimoteur, dans des poses avantageuses. Rien dans cette pièce ne laissait soupçonner l'effroi ou la folie. Son Avro Lancaster était noble et héroïque, à l'image de ses équipiers, dont les visages souriants, mais impénétrables, nous fixaient quand nous buvions du sirop d'orge au citron en mangeant du pain de mie en tranches. Il n'y avait pas trace non plus de l'odeur de l'adrénaline, de l'air atrocement froid à quatre mille huit cents mètres d'altitude, ni du fait que plus de la moitié des hommes qui avaient volé sur ces bombardiers étaient morts, pour beaucoup écrasés au sol après une chute en piqué, pris au piège dans ce qui serait sous peu leur linceul riveté, le cerveau bouillonnant pendant qu'ils plongeaient, assourdis par le vacarme des moteurs, se souvenant, tout en tentant vainement de s'extraire de cet enfer juste avant d'être réduits en cendres, du choix qu'avaient fait les concepteurs de l'appareil de prévoir une trappe d'évacuation trop étroite pour qu'on puisse passer une fois équipé d'un parachute.

C'est avec Paul que je me suis bagarré dans le jardin, sur l'allée de M. Bubyage, au milieu de camarades plus âgés venus organiser le combat et encourager Paul. Cela m'avait intrigué : nous étions jusque-là les meilleurs amis du monde et il s'était mis à me détester du jour au lendemain, ainsi que mes autres copains. À ma question : « Pourquoi tu veux te battre ? », il avait répondu : « Parce que t'es juif. » Je me souviens qu'il avait ôté sa chemise devant le mur de briques rouges, que j'avais retiré mes lunettes avant de le frapper, de la curieuse sensation de mon poing sur sa peau, du coup qu'il m'avait décoché et de l'étonnante absence de douleur que j'avais ressentie – une sorte de chaleur, en réalité –, de nous deux en sang, de ce pugilat qui n'en finissait pas et du fait que je me moquais d'avoir mal. J'avais déjà conscience que c'était bizarre ; cela m'était égal de récolter des bleus parce qu'ils me replaçaient dans mon corps, me coupaient de mon esprit et des tombereaux de craintes qui le taraudaient. Ils me procuraient un répit éphémère et je ne les redoutais pas. Et même, j'étais content de les recevoir.

3.5

En sortant du Bentheimer Hof, nous remarquons, en face, un sentier qui part dans la forêt. Nous décidons de le prendre ; la lumière nous appelle, les feuilles qui tombent, les cailloux sous nos pieds, les chants d'oiseaux brisant le silence, l'obscurité créée par le couvert des arbres. Un peu plus loin, nous arrivons devant un obélisque en grès, haut d'une douzaine de mètres et portant le nom de « Pyramide ». Sur une face est gravée l'inscription « *C. F. B. S. LANDKRIESS. GRAFSCHAFT. BENTHEIM*[1] ». Sur une autre, un bas-relief représente un homme mettant à mort un dragon. Son corps puissant tourné sur le côté, épaules perpendiculaires aux hanches, il fixe l'endroit où il va assommer la bête avec la grande masse plombée qu'il lève dans un geste comparable à celui du joueur (ou de la joueuse) de base-ball s'apprêtant à frapper une balle. Le dragon, blessé et estropié, est recroquevillé devant l'entrée d'un château. Sur la troisième face, les mots « *ERECTA PERENNAT*[2] »

1. « District de Grafschaft-Bentheim ».
2. « Érigé pour durer longtemps ».

accompagnent un second bas-relief figurant cinq hommes bâtissant la Pyramide. Un écriteau indique qu'elle a été installée en 1710, de même que d'autres monuments dans cette forêt.

Le chemin débouche dans un petit parc bien entretenu, agrémenté de sculptures et de fontaines. Des personnes vêtues de blanc se promènent seules, fument une cigarette ou parlent au téléphone ; d'autres sont assises sur des bancs, les yeux dans le vague. Une adolescente anorexique flanquée de ses parents marche d'un pas raide en posant les pieds à plat ; la tristesse des parents irradie de leur corps et contredit les sourires forcés qu'ils adressent à leur fille.

Nous distinguons au loin des bruits de voix, que nous suivons. Nous butons sur une clôture grillagée qui nous sépare d'une piscine chauffée à ciel ouvert. Une cinquantaine de personnes font des exercices dans l'eau bleue chlorée. Elles s'étirent, sautent, lancent des ballons. Certaines sont assises sur des bouées rondes ou sur la margelle, d'autres emmitouflées dans des serviettes-éponges, mais toutes bavardent en riant. La vapeur monte au-dessus de l'eau chaude du bassin, qui se condense au contact de l'air froid. Les voix sont aussi légères que des chants d'oiseaux. « Un spa, explique mon père. "Bad Bentheim" signifie qu'il s'agit d'une station thermale. Le parc doit en faire partie. »

Alors que nous nous dirigeons vers une petite bâtisse blanche, nous apercevons derrière les vitres des gens qui boivent de grands verres de bière, mangent des sandwiches et des gâteaux. Nous contournons le bâtiment puis revenons sur nos pas vers le bois par le sentier recouvert de paillis et repassons devant la Pyramide. Nous poursuivons vers le village et traversons le parc municipal jusqu'au château médiéval.

Nous nous asseyons sur la muraille crénelée qui domine la campagne environnante.

La compagnie de chemin de fer allemande faisait payer des billets simples à tous les Juifs, hommes et femmes, qui étaient envoyés dans les camps de concentration. Les enfants de moins de douze ans payaient demi-tarif et ceux qui n'avaient pas quatre ans voyageaient gratuitement. Les gardiens nazis devaient payer leur billet de retour.

Nous reprenons la voiture et partons vers Hanovre par l'E30. Mon père a sans cesse mal au ventre.

Nous faisons plusieurs haltes dans des aires de repos équipées de sanitaires et attendons notre tour. À un moment, après y être allé, il revient dans la voiture puis en ressort aussitôt pour reprendre place dans la queue. « J'ai toujours eu des problèmes de digestion », explique-t-il à son retour. Il est vrai que toute mon enfance a été rythmée par ses exclamations impérieuses (« Dégagez, j'ai la chiasse ! ») quand il se ruait aux toilettes les plus proches. D'ailleurs, il n'employait pas ce mot. « La toilette, on la fait, ce n'est pas un lieu où l'on va », disait-il. Il tenait à les nommer « W.-C. ».

Deux sœurs de la Bande à Baader étaient de Bad Bentheim.
Ah bon ?
Je me souviens l'avoir lu il y a très longtemps. L'une d'elles a assassiné un industriel.
C'est vrai ?
Ils l'ont kidnappé et exécuté. Son corps a été retrouvé dans le coffre d'une voiture.

3.6

Lorsque la neige tombait, le vent la poussait au bas des champs. Parfois, elle atteignait notre taille et nous pataugions dedans jusqu'à en avoir à hauteur de poitrine et ne plus pouvoir bouger. En rang d'oignons, paralysés par son poids surprenant, nous regardions hilares la poudre blanche et froide virevolter et se poser sur nous. En haut des champs, où la couche était moins épaisse, nous nous pourchassions, faisions la course avec les chiens ou des batailles de boules de neige, dévalions la pente sur nos luges en bois, trempés par la neige qui se collait à nos vêtements en petites billes de glace argentée. Pour fêter son arrivée, nous jouions dehors quasiment du matin au soir dans notre manteau de laine, avec nos gants et nos bonnets. Un jour, j'y suis resté trop longtemps. J'ai laissé le froid s'infiltrer dans mes os jusqu'à la moelle, pénétrer à l'intérieur de ma poitrine. Il s'est installé en moi au point que je ne parvenais plus à le combattre ni à me réchauffer. En fin de journée, ma respiration est devenue laborieuse, j'étais oppressé. Sans rien dire, je suis allé me coller au fourneau de la cuisine, pressant le dos contre sa masse rassurante pour que sa chaleur soulage mes muscles intercostaux.

La légère constriction dans mon thorax semblait anodine ; mon dos résistait et j'étais à peine voûté. Certes, l'air me chatouillait au passage, mais c'était supportable et pas vraiment inquiétant. Le soir, allongé dans ma chambre glaciale, écrasé par le poids des couvertures et des édredons entassés, le torse et la tête enveloppés dans des serviettes, cela paraissait à peine plus sérieux. C'est pourquoi le lendemain matin je me suis levé pour aller à l'école. Là encore, parmi les recueils de cantiques poussiéreux, les manuels d'arithmétique couverts de toile de jute et les pages jaunies des traités de grammaire dont les mots incompréhensibles dansaient devant mes yeux, mon état s'est maintenu : un léger picotement, sans plus. Accepter l'imminence de ma maladie aurait aussitôt inondé ma poitrine du liquide purulent qui sous peu affluerait par vagues et engorgerait mes bronches – l'infection qui me lesterait tel un sac de pierres et m'entraînerait au fond, déterminée à me faire quitter ce monde et à m'attirer peu à peu dans la tombe.

Dès que je pouvais, je me levais pour plaquer mes jambes contre les radiateurs en fonte de la classe jusqu'à ce qu'elles deviennent écarlates, les yeux baissés vers mes chaussettes en laine tirées au-dessus des genoux, serrant mon pull vert rayé à col en V contre moi. J'ai compris que, pour contrôler la situation, je devais retenir mon souffle le plus possible et l'expulser lentement car c'était l'expiration qui était devenue problématique. Elle se transforma en un acte volontaire et réfléchi alors que, curieusement, inspirer était plus facile. L'air était pur et froid quand il entrait et, même s'il irritait mes bronchioles, il ne provoquait pas de spasmes. J'ai su plus tard que le plus petit composant du poumon, d'une épaisseur inférieure à un cinquième de micron – taille qui permet aux molécules d'oxygène de se déplacer dans le flux sanguin –, est indétectable au microscope et se mesure uniquement au moyen d'appareils électromagnétiques. C'est par cette paroi que les déchets de dioxyde de carbone transitent en sens inverse du sang à l'air. La vie des mammifères se perpétue grâce à une membrane d'une incroyable finesse, étirée à l'extrême jusqu'à n'être pas plus épaisse qu'une cellule.

Faire sortir l'air de mes bronches malgré l'infection qui attaquait et tapissait leurs capillaires me demandait une immense concentration. Je devais constamment me focaliser sur le gonflement et la position de ma cage thoracique pour tenter de limiter le sifflement dans les canaux rétrécis. J'ai ainsi appris à déplacer mes côtes au minimum, mis au point une méthode où je me forçais à aspirer avec le haut des poumons, par halètements superficiels similaires à ceux du chien qui cherche à lutter contre une chaleur intense. Cela m'aidait à ne pas remuer les nappes fluides qui se formaient à l'intérieur.

À partir du moment où j'ai commencé à tousser, je n'ai plus arrêté. Cela n'a pas impressionné mon père, qui m'a lancé : « Nom d'une pipe, racle-toi la gorge et crache un bon coup. » Ce que j'ai fait. Dans l'herbe, dans la rue, dans l'évier de la cuisine, j'expectorais de petites glaires verdâtres parfois striées de sang. « Voilà, c'est mieux, disait-il sur un ton encourageant. Vas-y à fond. » Ma mère a fini par se mettre en colère et insister pour qu'il m'ausculte. Il a posé consciencieusement le disque froid du stéthoscope sur mes côtes et dans mon dos, s'est écrié « En effet, ça racle », et m'a conduit dans l'après-midi au petit hôpital où il travaillait.

Nous avons arpenté les longs couloirs du bâtiment en briques jusqu'à une affichette où il était indiqué, en rouge et en majuscules : ENTRÉE INTERDITE – DANGER DE RADIATIONS – DANGER DE MORT. La taille de l'affichette et l'inquiétante police de caractères m'ont pétrifié. « Attends-moi, a dit mon père. Je vais chercher M. Williams, le radiologue. Il va nous ouvrir. » Je suis resté devant la porte métallique blanche ; ma tête arrivait à peine plus haut que la grande poignée en cuivre et j'ai pu observer ses charnières en saillie et les trois cadenas écaillés. Des infirmières en tenue bleue poussaient à pas feutrés des chariots équipés de grandes roues en caoutchouc noir, chargés de matériel médical en tout genre : pansements, bassins, scalpels, bonbonnes d'oxygène. Elles allaient et venaient en un flot continu dans ce couloir au sol pavé de centaines de petits carreaux jaune pâle et vert menthe mouchetés de bleu azur, dont les motifs rappelaient ceux des plumes de paon.

M. Williams est apparu, un grand trousseau de clés à la main. C'était un homme large d'épaules, peu loquace, avec une tignasse noire et un front haut, zébré de cicatrices blanches qu'on aurait dit gribouillées par un bambin. Il avait de grandes lunettes à large monture foncée et des verres teintés derrière lesquels le blanc de ses yeux ressortait en formant un anneau autour des iris.

Il a déverrouillé les cadenas avec précaution. Ses chaussures en cuir noir, copieusement cirées à la manière d'un ancien militaire comme celles de mon père, étincelaient. Ses ongles aux lunules très blanches étaient limés et parfaitement ovales. Il a fini par pousser la porte et m'a demandé calmement de me déshabiller en gardant mes sous-vêtements, ce que j'ai fait. J'ai plié avec soin mes habits sur une chaise en toile et acier posée dans un coin. Il a indiqué du doigt une machine au centre de la pièce, sur laquelle je suis monté. Elle comportait à l'avant une grande plaque métallique et une seconde, fixée à un bras pivotant, qu'il a placée dans mon dos, si bien que j'étais pris en sandwich entre les deux. Après que les deux panneaux ont été positionnés correctement, mon père et lui se sont dirigés vers une petite cabine au fond, à ma grande inquiétude. « Nous allons dans la cabine au cas où, a dit M. Williams. — Au cas où quoi ? — Au cas où nous serions affectés à la longue par l'intensité des rayons X. Ils ont un effet cumulatif, vois-tu. » J'ai opiné de la tête, sans bien comprendre le sens de ce mot, mais je me sentais plus seul et angoissé que d'habitude. « Je vais appuyer sur ce bouton. Les rayons X vont traverser ton corps », a-t-il ajouté en se penchant hors de la cabine. Soudain, ses verres teintés ont pris un aspect énigmatique. « *Traverser* mon corps ? — Tout à fait. — *Entièrement ?* — Entièrement, sauf là où ils rencontreront tes os », a-t-il répondu en détournant cette fois le regard, laissant pendre ses mains aux ongles limés de chaque côté de son corps. « Ils rencontreront mes os ? — Tes os et une éventuelle infection si elle est très grave.

— Très grave ? » Le ton qu'il a employé a étendu sur moi les ombres du doute. En forçant la voix pour être sûr de se faire entendre, il a répété : « Tu devras être immobile quand j'enfoncerai le bouton. » Je me suis exclamé : « Il y a marqué "danger de mort" sur la porte ! » Les yeux toujours baissés, il a répondu : « Seulement si l'on en reçoit trop. — Ils sont où, les rayons X ? — C'est très compliqué, contente-toi de ne pas bouger. » Je les imaginais, tout excités, attendant le moment où ils pourraient passer en sifflant à travers mon corps puis ressortir par les murs et les fenêtres, poussant des cris perçants, heureux d'être enfin libres, enchantés de ce sobriquet X au lieu d'un P raisonnable et réservé, ou d'un A solide et loyal. « Ça signifie que c'est un peu dangereux ? — Oui, je dois être très prudent », a poursuivi M. Williams, peut-être conscient du sort qui lui était promis et qui se jouait possiblement pendant qu'il me parlait.

Il flottait dans cette salle, aménagée dans l'ancien hôpital datant de l'époque victorienne, une odeur de savon, résultat d'années de désinfection ininterrompue. Le tiers inférieur des murs était revêtu de petits carreaux de porcelaine blanche séparés par des joints vert foncé. Au-dessus, les briques d'origine avaient été badigeonnées d'une peinture blanche qui pelait par endroits autour des hautes fenêtres à barreaux. L'atmosphère était lourde et angoissante ; on avait l'impression de se déplacer dans un bouillon verdâtre créé par le défilé des patients qui s'étaient succédé au fil des ans, nerveux, plus ou moins dénudés, dans l'attente d'un verdict, sachant confusément que quelque chose clochait chez eux. « Ne tousse pas quand on prend les clichés », m'a recommandé M. Williams. Comme il fallait s'y attendre, son instruction a déclenché une quinte de toux à l'instant où il pressait le bouton et les plaques ont émis un bourdonnement grave. Puisque j'avais malencontreusement toussé et projeté des gouttelettes, il a dû régler à nouveau l'appareil. « Je vais devoir recommencer. Tâche de te retenir », a-t-il répété avec fermeté en ajustant les plaques, mais ce fut sans effet : mes poumons ont aspergé la pièce de morve et de flegme à l'instant où il appuyait sur le bouton. « Il ne peut pas tenir tranquille. Ce n'est sans doute pas volontaire, mais je ne pense pas qu'il faille l'exposer à une radiation supplémentaire, a-t-il lancé à mon père. — C'est vous qui voyez, a répliqué ce dernier. — On n'est jamais trop prudent. Les directives gouvernementales sont beaucoup trop laxistes à mon sens. Elles autorisent une exposition trop forte. — Je ne crois pas qu'il y ait matière à s'inquiéter », a dit mon père. Là-dessus, j'ai reçu la permission de récupérer mes habits et de me rhabiller. Ensuite, avec mon père et le lugubre M. Williams, dans la cabine protégée, j'ai assisté au développement de la radiographie, les yeux piqués et la bouche irritée par les produits chimiques.

Le film photographique a été plongé dans divers liquides, séché et fixé sur une table lumineuse murale où l'image de ma cage thoracique est apparue – une vue de l'intérieur de mon corps aux contours étranges et fantomatiques. Les deux hommes se sont tus brusquement pour se concentrer et ont pointé du doigt une zone précise. Mon père a rompu le silence sur un ton enjoué : « Tu vois ces taches opaques sur tes poumons ? C'est là que les rayons X ont été stoppés et n'ont pas pu traverser, comme pour tes os. — Tous les autres sont passés ? — Exact. Maintenant, tu ferais mieux de sortir une minute. » En m'éloignant, j'ai entendu le commentaire de M. Williams : « Ce n'est pas fameux. — Ce n'est pas si vilain, a tempéré mon père. — Une pneumonie, a renchéri M. Williams. L'image est floue parce qu'il a bougé, mais les nuages sont visibles. C'est sérieux. »

Mon père et moi avons repris en sens inverse le couloir carrelé sans échanger un mot. De temps à autre, un chariot venait à notre rencontre sur ses roues en caoutchouc étonnamment silencieuses, piloté par une infirmière, mains posées sur la barre. Plus loin, nous en avons rencontré une plus haut gradée, coiffée d'un calot bleu marine et blanc, qui était en fait la responsable de l'équipe soignante. « Comment va-t-il ? » a-t-elle demandé à mon père. « Bien, juste une tache sur les poumons. — Il n'a pas très bonne mine. » Elle avait de grands yeux marron, doux et gentils. « Ça va s'arranger », a dit mon père. Elle s'est tournée vers moi : « Qu'est-ce que tu veux faire quand tu seras grand ? — Je ne sais pas, ai-je soufflé dans une quinte. — Médecin, comme ton père ? » J'ai éludé sa question en battant en retraite dans le couloir, rattrapé par mon père, dont les talons cliquetaient sur le carrelage à motifs d'ocelles. Une fois la porte en bois sombre franchie, le froid m'a fait tousser de nouveau. « Écoute, m'a-t-il dit, soudain agacé et impatient, si tu étalais l'intérieur de tes poumons sur le sol, il occuperait la moitié d'un terrain de tennis. Alors qu'il soit un peu abîmé à un endroit ne va pas te faire grand mal. J'ai vu bien pire. N'en fais pas une histoire. » C'était pour lui un point capital : faire des histoires était une chose à éviter à tout prix. Il ne voulait jamais rien demander et nous incitait à en faire autant. « Viens, allons dans la voiture. »

Il n'a pas pipé mot en rentrant à la maison. Ce n'était pas sa faute s'il avait d'autres préoccupations. J'en avais de mon côté, même si je n'avais pas très envie d'y penser : les cicatrices, les poumons aussi grands que des terrains de tennis, les rayons X volant dans mon corps, sauf ceux qui se prenaient dans mes os et qui y étaient probablement toujours. Mon père n'était pas disponible pour moi, je ne l'étais pas pour lui, et bien que cela ait pesé sur mes épaules dès mon plus jeune âge et que je me sois efforcé de remédier à nos mutismes respectifs, c'était ainsi. Lorsque j'ai voulu en savoir plus sur le front couturé de cicatrices de M. Williams, il m'a donné cette réponse lapidaire, « Dunkerque », comme si cela expliquait tout. Et j'en suis resté là avec mes questions, alors qu'il négociait la descente en sortant de l'hôpital.

Il s'est tu pendant que nous traversions l'agglomération à vive allure dans la Mini verte, il a gardé le silence en prenant sur les chapeaux de roues le virage en bas de Pentrosfa, n'a pas desserré les dents tandis que la voiture tremblait de toute part quand il a accéléré pour gravir la côte. Il était plongé dans ses pensées. Les vibrations du long levier de vitesses, les protestations du moteur, le rebord métallique du vide-poches et le skaï froid des sièges remplissaient son esprit et le mien.

3.7

L'*Autobahn* se terminant abruptement aux feux tricolores d'un carrefour dans la petite ville de Bad Oeynhausen, nous passons sans transition d'une autoroute à une départementale, ce qui est plutôt inhabituel. Nous nous arrêtons dans une station-service JET, accolée au long bâtiment vitré d'un *Waschstraße* – un tunnel de lavage peint en vert vif où un panonceau indique : « *Power sauger, jetzt bei jeder autowäsche*[1] ».

Je fais le plein puis nous entrons dans la boutique. Mon père achète deux *Frankfurter* au comptoir des viennoiseries et sandwiches, placés sous des lampes LED orange qui projettent un éclairage de dancing des années soixante-dix sur les rouleaux au jambon et au fromage. Il commande en allemand ; l'entendre parler sa langue maternelle me fait toujours un drôle d'effet. La serveuse lui demande s'il est anglais. « Vous pensez que je suis anglais ? dit-il, aux anges. — Oui », répond-elle en lui tendant deux énormes saucisses couleur caramel dépassant de petits pains à la mie ouatée d'un blanc lumineux. Ravi qu'on le

1. « Aspirateur pour tout lavage automatique ».

prenne pour un Britannique, il soulève ses hot-dogs à bout de bras et traverse rapidement la boutique. Difficilement, car ses deux mains sont prises, il franchit la porte à fermeture automatique. Sous l'auvent, entre les pompes à essence et la station de lavage, il commence à manger le hot-dog qu'il a dans la main droite. Il a noyé les saucisses sous la moutarde et attaque la première tranquillement. Un sourire béat flotte sur son visage. Je comprends que ce goût le ramène en arrière. « J'en ai pris un aussi pour toi », m'annonce-t-il la bouche pleine en me tendant celui qu'il tient dans la main gauche. Le pain brille au soleil et la saucisse a l'air de sortir d'un lit à ultraviolets bas de gamme dont la minuterie serait défectueuse.

Non, merci.
Pourquoi ?
Je suis végétarien.
Ah bon ?
Oui.
Tu ne l'étais pas avant.
Je sais que je ne l'étais pas avant.
Très à la mode. D'être végétarien.
Je le suis depuis dix ans.
Sérieusement ?

Il finit sa saucisse en mastiquant bruyamment puis s'essuie le coin des lèvres avec une serviette en papier.

Les végétariens sont assez moralisateurs, si tu veux mon avis. Cela dit, tu l'as toujours plus ou moins été, va savoir pourquoi.

Il se penche vers la seconde saucisse et la dévore avec avidité, plus vite que la première. Il l'engloutit comme un chien, à grandes bouchées ; à peine a-t-elle effleuré son gosier qu'elle tombe dans son estomac. Il se lèche les doigts.

Il me faut un café.
J'y vais.
Noir.

J'en rapporte deux, que nous buvons à petites gorgées sous l'auvent ; le couvercle en plastique des gobelets en carton possède une bosse percée de trois trous par où s'écoule le liquide. « On dirait le sein d'une mère, fait remarquer mon père. Ça nous oblige à boire comme si on était des nourrissons, bordel. » Et là, pour une raison mystérieuse, je sens une sorte de contentement nous gagner, un apaisement qui se répand sur la station JET de Bad Oeynhausen, dans Kanalstraße. En face de nous, de nombreuses voitures sont immobilisées aux feux. Une autre file s'est formée devant le *Waschstraße,* une troisième au niveau des pompes à essence. Leurs émissions polluantes sont si denses qu'elles sont visibles. L'odeur des gaz d'échappement, qui donnent une teinte grisâtre à l'éclat du soleil, est perceptible. Il n'y a rien à voir, pas de végétation ni d'air pur, aucun bâtiment qui ait le moindre intérêt architectural. Pourtant, ce bien-être se diffuse en nous devant les pompes où des automobilistes se contorsionnent pour suivre des yeux le défilement des chiffres sur les compteurs.

« Les Allemands aiment que leur voiture soit propre », déclare mon père d'une voix guillerette.

Nous observons les employés des deux sexes en tenue vert grenouille derrière les parois vitrées du *Waschstraße*. Ils vaporisent du détergent sur les véhicules, les rincent au jet haute pression et les sèchent à la peau de chamois avant d'aspirer et d'épousseter l'intérieur. Les voitures entrent sales et en émergent rutilantes un quart d'heure plus tard. Leur carrosserie brille, leurs pneus brillent, leur pare-brise brille, et il semble qu'il en va de même des visages des conducteurs. Comme si le *Waschstraße* était un baptême et que les véhicules et leurs propriétaires en ressortaient remis à neuf, avec leur sapin en carton vert, symbole de la vie païenne, imprégné d'un puissant désodorisant, le *Wunder-baum*, qui se balance sous le miroir de courtoisie où il a été accroché. Mon père reprend la parole.

Pour que les choses soient claires…
Oui ?
Ton grand-père s'est suicidé.
Je sais.
Le mien aussi.

J'hésite.

Ton grand-père… ?
Oui.
Mon arrière-grand-père ?
Oui. Siegfried, le père de ta grand-mère.
Il y a des suicides des deux côtés de ta famille ?
On peut dire ça.
Que s'est-il passé ?
Il s'est pendu.

Il pince les lèvres, redresse la tête, plisse les yeux.

Allons dans la voiture.

Nous retournons dans le break de mon frère. Je prends le volant à deux mains, le serre fort, puis j'enclenche la première et m'engage dans la circulation.

Et cette fois, démerde-toi pour ne pas nous perdre.

3.8

Quand ma mère a appris ma maladie, la fureur s'est lue sur son visage. Elle m'a donné une tasse de thé brûlant et m'a envoyé au lit. Je me suis couché, en nage, à peine conscient, me concentrant sur chacune de mes expirations. Plus tard, mon père m'a réveillé pour me demander de retourner à l'école, partant du principe que cela contribuerait à ma guérison. L'idée qu'on puisse préférer la passivité et le repos à l'action lui était inconcevable, convaincu qu'il était que le corps doit se plier aux souhaits de l'esprit et se contenter d'obéir à ses ordres. À ses yeux, le mouvement était bénéfique, l'inertie, un signe de faiblesse et de complaisance, une preuve de déliquescence. « Tu t'en sortiras à force de volonté », me disait-il comme si la pneumonie était une carence, la première manifestation d'un laisser-aller ou, pire, de tendances anticonformistes qu'il redoutait et auxquelles il espérait que ses enfants échapperaient à tout prix. En un sens, ses exhortations à aller travailler malgré ma pneumonie révélaient qu'il pressentait que j'allais bientôt m'écarter de sa conception de la vie, puis de lui. Peut-être voyait-il déjà que je partais à la dérive au point de perdre le contact avec autrui et que je me détournerais ensuite de moi-même pour sombrer dans les plus profondes ténèbres, avec dans les oreilles les voix de mon grand-père et de mon arrière-grand-père qui m'appelaient.

J'ai gardé le lit plusieurs semaines, terrifié chaque soir à la pensée que je ne vivrais pas jusqu'au matin. Je ne parvenais tout simplement pas à expulser l'air de mes bronchioles rétrécies. Je luttais pour rester éveillé le plus tard possible, écoutant les sons soyeux de l'hiver, les craquements dans ma poitrine, redoutant de m'endormir. J'entendais parfois ma mère dire à mon père : « Il faut l'hospitaliser. » Il venait m'ausculter avec son stéthoscope et concluait : « Ce n'est pas si grave. »

Je ne me levais pas de la journée. Je flottais, guettant les bruits quotidiens assourdis par les carreaux – la camionnette du laitier, l'épicier déposant les provisions, le démarrage au starter de la moto du fils Evans, le départ des autres élèves pour l'école. Un jour, j'ai assisté à la livraison du charbon. De ma fenêtre, j'ai vu les hommes noirs de suie soulever du camion-plateau des sacs de jute de cinquante kilos sur leurs épaules, les transporter à l'arrière de la maison, les renverser dans notre cave, les rapporter sur le camion avant de les plier et de les attacher pour qu'ils ne s'envolent pas. Mon père, qui connaissait l'expression d'usage, « Deux pour vous, un pour le camion », a recompté la vingtaine de sacs qu'il avait payés. Emmitouflé dans des couvertures, je suis descendu voir le charbon luisant dans l'obscurité, ce fragment de forêt millénaire compressée et concassée qui venait d'arriver chez nous. Les morceaux de roche noire étaient étonnamment légers, froids au toucher et, chose invraisemblable, pleins de chaleur potentielle.

Il m'a fallu du temps pour me rétablir. J'ai rempli des bassines émaillées de mucosités mêlées de sang. Lorsque je suis retourné passer une radio auprès de M. Williams, elle a révélé des cicatrices permanentes sur mes poumons. D'un ton plein d'entrain, mon père m'a dit : « Regarde, il n'y en a que quelques-unes. Ça pourrait être pire. Tu as de la chance. »

Quelques années après, Simon y a eu droit à son tour. Lui aussi est resté trop longtemps dans la neige un hiver et a attrapé une pneumonie. Lui aussi a eu droit à l'appareil de radiographie de M. Williams. Mais il a été beaucoup plus malade que moi et a été hospitalisé, avec près de son lit une bouteille d'oxygène qu'on avait apportée sur un chariot à roues en caoutchouc. On m'emmenait parfois lui rendre visite. Sa peau était translucide, son corps, couvert d'eczéma, ses tendons saillaient à la jointure de son cou, de son torse et de ses épaules, ses cheveux bruns étaient encadrés par le coton blanc des oreillers. Il était soit assoupi, soit somnolent, en train de se gratter, avec toujours des gouttelettes de sang au creux des coudes, la peau des doigts craquelée, ses grands yeux marron cerclés de cernes noirâtres, ses cils immenses, ses ongles blancs mouchetés de taches de calcium, un livre sur les avions en kit à portée de main. Assise à son chevet sur une chaise d'hôpital, ma mère, lèvres pincées, yeux rouges, livide d'inquiétude, posait de temps en temps un masque à oxygène sur son visage. Il ne parlait pas. Je voyais bien qu'il luttait. Son regard s'était enfoncé à l'intérieur de son crâne. Il s'était réfugié en lui-même, dans un lieu où je m'étais rendu quelques années plus tôt, communiant fiévreusement avec des rêves, des visions et peut-être même des fantômes, ces parts cachées de nous-mêmes qui nous parlent avec les mots des disparus.

Après sa sortie de l'hôpital, quand il a enfin pu parler, je l'ai interrogé sur M. Williams et la séance devant les plaques de la machine. Lui aussi s'était inquiété de l'empressement avec lequel ce dernier avait battu en retraite dans la cabine et de son attitude mélancolique. « Et ces cicatrices blanches sur le front, comme s'il avait été défenestré », a ajouté mon cadet avec son vocabulaire bêtement ampoulé. « Je sais, ai-je répondu, mais en fait il a combattu pendant la guerre. » Et, sur le même ton sentencieux que notre père, j'ai ajouté : « Dunkerque. »

Bien que sévèrement touché (« Je me suis demandé à plusieurs reprises s'il passerait la nuit », disait ma mère, qui frémissait encore à cette pensée), il sortait parfois brièvement de son lit pour fabriquer des choses. Il avait ainsi installé entre sa chambre et la cuisine une longue ficelle avec une boîte de conserve à chaque extrémité – un « téléphone à ficelle » grâce auquel il appelait notre mère pour lui demander de l'eau ou un œuf dur. Cette ficelle, qui passait dans des œillets et contournait les obstacles, lui était précieuse car elle lui permettait de persécuter notre mère à distance en exigeant sans cesse de la citronnade ou du thé. Il lisait des ouvrages sur les avions ou les hélicoptères et découpait dedans des photos qu'il collait sur son mur ; des images de liberté en contradiction avec son inactivité.

Un jour, alors que nous étions devenus adultes, j'ai évoqué avec lui notre maladie infantile commune. Nous marchions sur la plage d'Ynyslas, lui à grands pas, talons en avant, ses grands fémurs visibles sous son jean, cheveux coupés ras, visage en contre-jour sur le ciel, avec l'immense étendue de sable au second plan. Il m'a parlé de l'étrange brume qui l'avait enveloppé un soir dans sa chambre d'hôpital à Llandrindod. De sa voix de stentor, avec son accent gallois qui voguait par-dessus la rumeur de l'océan, il m'a dit :

> « Quand j'étais malade, je savais que j'étais à la frontière entre la vie et la mort. Ce soir-là, j'ai pénétré en moi dans un espace différent, paisible, silencieux et je me suis rendu compte… »
>
> De quoi ?
>
> « Que je pouvais rester en vie si je le choisissais. »
>
> Tu as choisi de vivre ?
>
> « Non. »
>
> De mourir ?
>
> « Oui. »
>
> Je ne le savais pas.
>
> « Plus tard, je me suis réveillé. »

J'ai regardé son visage – ses yeux vifs, sa peau mate, son regard direct. Il se tenait droit, torse gonflé, cou redressé, avec l'éclat du soleil sur lui, débordant de vie, et son rire courait le long de la plage et par-dessus les vagues.

3.9

Nous nous faufilons dans le flot de voitures et poursuivons la traversée de Bad Oeynhausen avant d'entrer sur l'*Autobahn* 2 qui mène à Berlin.

Nous devrions y être dans cinq ou six heures.
Au fait…
Quoi ?
Tu as pensé à tes comprimés aujourd'hui ?
Lâche-moi. Je ne suis pas un mioche.
Pour ta tension et tes yeux ?
J'ai pris les deux ce matin.

À la hauteur de Hanovre, l'autoroute est à trois voies. Nous faisons halte sur une aire de repos ; les W.-C. se trouvent dans une petite cabane en bois, devant un champ où paissent des chevaux. Tous portent une couverture matelassée bordeaux et tous baissent la tête vers le sol pour brouter.

De belles bêtes, très bien entretenues. Je m'occupais des chevaux pendant les vacances scolaires.
Ah bon ?

J'aimais bien leur compagnie.
Tu n'allais pas dans une famille ?
Non.
Pourquoi ?
Jamais été invité.

Nous passons devant une centaine de moulins à vent blancs, éparpillés sur plusieurs kilomètres. Ils ont trois ailes ou deux, parfois rayées de bandes rouges à leur extrémité. Le trafic devient dense à l'approche des faubourgs de Berlin. Nous quittons l'*Autobahn* 2 pour la 10, puis la 115 et la 100. Après Dominicusstraße, Hauptstraße, puis Potsdamer Platz et ses immeubles à façade de verre, nous prenons la large Leipziger Straße. Nous apercevons la Fernsehturm, un émetteur de télévision surmonté de deux sphères formant un bulbe, futuriste dans les années soixante-dix mais terriblement surannée aujourd'hui. Cet édifice emblématique de Berlin-Est est encore l'un des plus hauts d'Europe. Des panneaux indiquent la station de *U-Bahn* Spittelmarkt, puis nous bifurquons dans Alte Jakobstraße.

La rue est bordée d'un côté par des immeubles bas en béton des années cinquante et de l'autre par des chantiers de construction, certains entourés de palissades en contreplaqué où sont placardées de grandes et engageantes images de synthèse des immeubles terminés.

Plusieurs semi-remorques chargés de conteneurs cabossés, piqués de rouille, aux couleurs délavées identiques à celles que nous avons vues pendant la traversée en ferry – bleu turquoise, ocre-brun –, sont garés en file indienne. Des hommes coiffés de casques de chantier et vêtus de vestes fluorescentes déversent dans les fondations du béton qui sort d'un long tuyau semblable à une chenille, raccordé à une toupie industrielle rouge et blanc. Il se vide à grande vitesse dans de profondes tranchées coffrées avec du contreplaqué. Les ouvriers travaillent dans de mauvaises positions ; leur dos abîmé les oblige à ménager leurs disques intervertébraux usés et ils marchent en lançant les pieds en avant car leurs jambes sont lestées par le poids de leurs bottes de chantier.

M. Bubyage se serait plu ici.
M. Bubyage aurait été aussi heureux qu'un coq sur son tas de fumier.

La façade du Grimm's Hotel est habillée de panneaux sombres, couleur de zinc. C'est un établissement de taille modeste. Une bande de moquette a été posée devant l'entrée. « Nous sommes attendus, ironise mon père. Ils ont déroulé le tapis rouge. »

Je me range le long du trottoir, gravis les deux marches et franchis la porte automatique. Le hall est petit, immaculé, meublé de deux canapés blancs à pieds métalliques. Je demande la clé du parking à la réception, retourne à la voiture et manœuvre pour atteindre le sous-sol. Nous sortons nos bagages et empruntons l'ascenseur qui nous ramène à l'accueil. En prenant les clés de notre chambre, je dis à l'employé : « Il y a beaucoup de chantiers dans le quartier. — Oui, le mur était tout près. — Mais il est tombé il y a vingt-cinq ans, intervient mon père.

— C'est vrai, dit le réceptionniste, ce côté de la rue faisait partie du *no man's land.* » Mon père se tourne vers l'extérieur. « Vraiment. Une grande partie de Berlin fait partie de l'ancien *no man's land.* — Effectivement », conclut l'employé.

J'ai mis un temps fou à choisir un hôtel sur Internet. J'ai fini par opter pour celui-ci en raison de ses excellentes notes sur TripAdvisor : plus de mille cinq cents commentaires et une note de 8,9 qui le plaçait dans la catégorie « fabuleux ». Sans compter que l'idée des contes de Grimm, avec leurs surprenants dénouements sombres et sanglants, me plaisait. Cela dit, cette atmosphère est totalement absente de la décoration du hall, dont le style minimaliste prend le contre-pied de leurs récits encombrés de verbiage psychologique, de ruines et de souffrances physiques. En réalité, l'empreinte des deux frères sur l'ambiance de l'hôtel est indécelable. Il a été récemment repeint en blanc avec des touches vert acide sur certains murs ; des tapis ronds, couleur mandarine, ont été disposés sur le sol en béton ciré comme les pierres d'un gué.

Nous reprenons l'ascenseur en acier rutilant jusqu'au quatrième étage, accompagnés de notre reflet dans le miroir qui occupe toute la paroi du fond. En poussant la porte de la chambre, je vois sur le mur qui me fait face une citation peinte en noir dans une écriture anglaise :

> *'Hertz, was verlangst du mehr ?' fragt Hans im Grimm's Märchen 'Hans im Glück.' Er ist voll und ganz zufrieden, mit sich, seinem Leben und der Welt.*

Sa traduction est inscrite sur un autre mur :

« Mon âme, que peux-tu désirer de plus ? » demande Hans dans le conte de Grimm *Hans-la-Chance*. Il est très content de lui, de la vie et de la terre entière.

Je dis à mon père : « C'est extraordinaire, non ? » Sans un mot, il lit la phrase et entre dans la pièce.

Tu ne trouves pas que c'est étrange ?
Il n'y a rien d'étrange là-dedans.
Ce n'est pas un signe ?
Un signe de quoi ?
Aucune idée.
Tu pourrais me dire à quoi tu penses ?
Je ne sais pas trop.
Tu as réservé au Grimm's Hotel. Tu t'attendais à quoi, merde ?
Cette phrase contient ton prénom et elle dit que tu as de la chance. Parfois, il se produit des choses inexplicables.
Tu ne connais pas ce conte de Grimm, n'est-ce pas ?
Non.
C'est bien ce que je pensais.
De quoi parle-t-il ?
Un jeune homme prénommé Hans fait une série de mauvaises affaires avec différentes personnes mais il préfère penser qu'il a de la chance. Au début, il a un lingot d'or aussi gros que sa tête et, à la fin, il a tout perdu.
Il est naïf ?
Pas naïf. Stupide.

Il pose sa valise et s'assied dans un fauteuil, dos droit, jambes croisées. Je fais chauffer de l'eau dans la petite bouilloire en plastique pour préparer du thé et je verse le contenu d'une dosette de lait UHT dans ma tasse. Lui boit son thé sans lait.

Donc tu t'es occupé de chevaux en arrivant en Grande-Bretagne…
C'est ça. Il y en avait beaucoup. C'est seulement après la guerre, quand les tracteurs sont apparus, que les chevaux ont été retirés des champs.
Les chevaux de trait ?
Oui.
Qu'est-ce qu'ils sont devenus ?
Ils ont été amenés à l'abattoir. Ou abandonnés devant. Attachés à des piquets.
Combien ont été tués, à ton avis ?
Des millions. On a transformé leur viande en nourriture pour chiens, leur robe a été tannée pour obtenir du cuir, leurs os, broyés pour faire de l'engrais et leurs sabots, fondus pour fabriquer de la colle.
La campagne devait être très différente.
Elle a complètement changé parce que les métiers en lien avec les chevaux ont perdu leur raison d'être : maréchaux-ferrants, forgerons, charrons, fabricants de roues. Même chose pour les accessoires – fers à cheval, clous, traits, selles, mors, rênes : ils ont disparu des rues des villes et des villages comme s'ils n'avaient jamais existé.

Sa tasse à la main, il se lève, ouvre la porte-fenêtre et va sur le petit balcon qui surplombe les chantiers devant lesquels nous sommes passés. Des courants d'air froid nous enveloppent. Il contemple en silence le terrain vague qui fut un *no man's land* et la ville au loin, puis revient dans la chambre, prend sa valise et sort en refermant la porte derrière lui.

3.10

À douze ans, je restais souvent éveillé la nuit en me demandant comment mon père avait pu quitter sa famille, son pays, ses amis. Je savais que j'aurais été incapable de survivre à un tel choc. J'avais souvent en tête ce que sa situation avait d'inimaginable pour moi et cela explique peut-être mes difficultés scolaires de l'époque. Car, au collège, je n'apprenais aucune matière importante, telle que l'évasion, la survie, les ressources mentales indispensables pour entreprendre un voyage.

À l'adolescence, sans l'avoir prémédité, j'ai entamé une version édulcorée de l'équipée de mon père. Je partais des semaines à l'étranger en refusant de dire où j'allais, en partie parce que je l'ignorais moi-même alors que je sillonnais la France vers l'Italie en train et en autocar. Je me suis retrouvé en Malaisie et en Thaïlande, assis sur le toit des trains, au Laos, et enfin dans les montagnes du Myanmar, l'ancienne Birmanie, où j'ai séjourné dans des villages peuplés de chiens sauvages, me lavant dans des cascades, à l'écart de tout et de tous. C'était avant l'apparition des téléphones portables ; personne ne savait où j'étais, je ne le savais pas plus et me déplaçais en me repérant sur des cartes approximatives.

Une dizaine d'années plus tard, j'avais fait le vide autour de moi, d'abord parce que je commençais à avoir des problèmes de communication – les mots ne parvenaient pas à se former –, ensuite parce que mes activités et ma solitude rebutaient les gens. Je me sentais parfois si seul que je repérais dans les magasins des files d'attente où me glisser, espérant qu'elles avanceraient lentement pour pouvoir passer un peu de temps près d'autres personnes, au milieu de leurs conversations amicales et bienveillantes. J'ai découvert que je ne pouvais plus aller chez le coiffeur de peur d'avoir à m'entretenir avec lui et j'ai laissé pousser mes cheveux. Les cafés sont devenus une épreuve car ils m'exposaient à m'adresser à un serveur. Je me suis de plus en plus replié sur moi-même. Je vivais d'œufs sur le plat, je gagnais ma vie en travaillant dans des forêts et des fermes du pays de Galles, d'Angleterre ou d'Écosse, en faisant divers petits boulots, dont un contrat de plusieurs mois dans le chantier de construction et de peinture du hangar à hélicoptères de l'aéroport de Sumburgh, dans les îles Shetland.

Le hangar étant à une courte distance à pied de Jarlshof, un site de fouilles de l'Âge de pierre, j'allais me promener tôt le matin et en fin de journée parmi les bâtisses rondes ouvertes face à l'océan. À l'aube, je regardais le soleil apparaître lentement, comme émergeant des flots, assis sur le pavage d'une des plus anciennes habitations du continent européen. J'avais conscience que son emplacement ne devait rien au hasard car il permettait une vue parfaite du lever du jour depuis l'intérieur de la pièce principale ; à cet endroit précis, d'autres que moi l'avaient contemplé plusieurs millénaires auparavant. Dans ces moments-là, je m'efforçais de réfléchir à ma vie, de questionner son utilité et sa valeur. La solitude s'accrochait à moi tel un virus tandis qu'inconsciemment, mais avec dévotion, j'accomplissais un singulier pèlerinage vers les échos du passé de mon père.

J'ai fini par me faire embaucher sur la plate-forme n° 83 de Ninian South, en mer du Nord. Là-bas, j'ai connu l'euphorie des tempêtes, l'air pur emplissant mes poumons, le vent qui s'engouffrait en moi, avec une telle force qu'il semblait me dissoudre et parfois me soulever du sol une poignée de secondes, me ballottait d'un côté et de l'autre dans une sorte de danse sacrée enivrante. J'ai appris à ne pas le redouter et, au contraire, à me détendre, à « l'accompagner », aussi exalté que si j'avais bu un élixir.

Une nuit, un énorme coup de tabac s'est levé et l'on m'a demandé de grimper la série de trois échelles menant à la passerelle d'accrochage du derrick, plus de vingt-cinq mètres au-dessus du plancher de forage. Les bourrasques étaient si violentes qu'elles désolidarisaient la tige de forage des « doigts » qui l'enserraient. N'étant plus maintenue en place, elle commençait à secouer la plate-forme. Sachant qu'une tige, longue d'environ vingt-cinq mètres, pèse un bon poids, le problème était de taille. Mike, l'assistant foreur, m'avait dit avec son accent traînant du Texas : « Avec ce vent, tout le monde sait que la tige va tellement remuer qu'elle va renverser la plate-forme. Il faut la raccrocher. »

Le plancher était à cent vingt mètres au-dessus du niveau de la mer, auxquels il fallait donc en ajouter vingt-cinq jusqu'à la passerelle. Les échelles métalliques étaient en principe équipées d'arceaux pour empêcher les chutes, mais ce n'était pas le cas sur la nôtre. Quand je me suis posté au pied des barreaux, mon casque et, pour la première et unique fois de ma vie, mes lunettes ont été emportés par une rafale. J'ai compris qu'en montant là-haut, je prenais le risque d'être moi aussi balayé. Mais les photos accrochées dans le bureau de mon père, où on le voyait en uniforme de médecin militaire du SAS, s'apprêtant à sauter en parachute dans la jungle, et sa voix que j'entendais m'encourager – « Vas-y, tente le coup » – m'ont décidé à y aller, même si le moindre faux pas équivalait à une mort certaine. J'ai regardé d'où venait le vent et j'ai choisi de gravir une arête plutôt que la voie normale : ainsi, je l'aurais dans le dos et il me pousserait contre l'échelle.

Je me souviens que je regardais tour à tour mes mains, attentif à n'en déplacer qu'une à la fois. Les tourbillons qui me secouaient, les couleurs nocturnes de la mer du Nord blanchie d'écume, les flots déchaînés, menaçants et impitoyables, les embruns qui me giflaient alors que j'étais à près de cent cinquante mètres de hauteur, le vacarme des rafales, l'impression de me fondre dans l'univers tout en observant mes doigts se détacher de chaque barreau puis saisir le suivant m'obligeaient à vivre l'instant présent au point d'annihiler mes autres préoccupations. J'ai même résisté à l'immense tentation de tout lâcher, histoire de voir, de fusionner avec la tempête avant de m'abîmer en mer.

Parvenu au sommet, je me suis hissé sur la passerelle, à l'intérieur du pare-vent qui m'offrait un abri. Au moment où l'aube se levait, pâlissant uniformément toutes les teintes de sa lumière grise, battu par les embruns qui débordaient de la paroi, dans un tintamarre de tuyaux entrechoqués, j'ai fixé dans les broches la tige de forage qui bringuebalait en tous sens. Puis, en grimpant à l'extérieur, j'ai remis en place une partie du pare-vent qui se détachait à l'angle ; le vent, bien que mollissant, s'enfonçait dans mon dos. Puis je suis redescendu vers le plancher. Le lendemain, j'ai appris que la vitesse du vent avait par moments dépassé le maximum que pouvait enregistrer l'anémomètre, ce qui revient à dire que j'avais effectué mon escalade au milieu de ce qui, dans la terminologie officielle, s'appelle un ouragan.

Plus tard, je me suis demandé quel besoin m'avait poussé à accomplir ce genre de chose. J'ai fini par comprendre que si mon père et moi ne pouvions communiquer par des mots, nous partagions l'intuition que, par le biais de ces expériences hors du commun, nous cherchions à rester en vie, que nous ne désirions pas mourir mais au contraire vivre vraiment. Ces moments intenses nous guérissaient des périodes banales où exister ou non nous laissait indifférents. Le danger extrême provoquait en nous un dévorant appétit de vivre.

4.1

Le réceptionniste nous informe que le Musée juif de Berlin n'est qu'à vingt minutes de marche de l'hôtel. Dans un large mouvement du bras, il détache un petit plan d'un rouleau posé sur le comptoir. La fierté qu'il retire de l'élégance de son geste est palpable lorsque la feuille s'envole, redescend et se pose juste sous nos yeux. Il nous indique l'itinéraire, marque d'une croix notre destination en appuyant sur le papier avec son stylo, creuse un sillon le long des rues que nous devons emprunter. Confortés par la proximité du musée et le fait qu'« on a enfin une bon Dieu de carte », nous décidons d'y aller à pied. Mon père est équipé de gants doublés de polaire, d'un pardessus imperméable, d'une écharpe en laine et de ses chaussures marron, qu'il a fait reluire avec une brosse rotative installée à côté de l'ascenseur (« un engin du tonnerre, il me serait bien utile à la maison »).

Nous sortons dans la rue en foulant la moquette rouge. Ce matin, il souffle un vent mordant qui secoue les grilles provisoires entourant les chantiers de construction. Cette cacophonie de métal percutant le métal à un rythme soutenu est de circonstance pour nous accompagner là où nous allons. Sur les trottoirs, les rares piétons sont vêtus chaudement et marchent penchés en avant, les yeux baissés. La circulation est fluide. La bise qui s'engouffre entre les hauts immeubles qui bordent Alte Jakobstraße est si forte qu'elle nous oblige par moments à avancer courbés nous aussi. Elle nous fait pleurer, mon père surtout, dont les joues sont striées de larmes. Nous longeons Ritterstraße, puis Lindenstraße, et nous égarons un peu, ce qui était à prévoir. Une heure s'est écoulée quand nous prenons place dans la longue file qui serpente devant le musée. L'accès se fait par un grand bâtiment baroque à la façade crème et au toit de tuiles rouges inattendu. Des agents de sécurité en uniforme – ce qui les rend plus imposants et plus hardis –, visage fermé pour affirmer leur autorité, font entrer rapidement les visiteurs. Ils semblent impatients, nous poussent presque à l'intérieur en nous demandant de presser le pas, font glisser nos sacs dans un scanner identique à ceux des aéroports. Après le contrôle, nous faisons à nouveau la queue pour acheter nos billets. Je m'indigne que mon père doive payer. N'a-t-il pas droit à un statut spécial et une visite guidée ? N'est-il pas un VIP dans ce lieu ? Je demande au caissier s'il existe un tarif réduit pour les réfugiés du *Kindertransport* mais il refuse d'engager la conversation, ce que je peux comprendre. « Non, aucune réduction pour les anciens du *Kindertransport.* » Nous rejoignons les visiteurs qui patientent avant d'affronter, chacun à leur manière, le sombre contenu qui les attend. J'aimerais crier dans le hall : « Vous savez qui est là aujourd'hui ? »

Nous déposons nos manteaux et prenons la direction de l'escalier qui mène à l'exposition, au niveau inférieur. Sur la gauche, une haute structure de verre a été édifiée entre les ailes du bâtiment baroque, à l'emplacement de l'ancienne cour intérieure. Un café en occupe l'un des côtés. « Je ne dirais pas non à une part de cheesecake et un café, dit mon père. Je me suis refroidi et il faut que j'aille aux W.-C. » Je vois ses mains fragiles qui dansent devant sa bouche, leurs veines bleutées ondulant par-dessus les tendons, ses yeux que notre marche dans le froid fait larmoyer, ses ongles rongés. « Pas de problème. J'en ai envie aussi. Allons boire un café. » Nous faisons un tour aux toilettes puis attendons notre tour. La petite salle est aménagée avec goût et il n'y a pas de logos publicitaires sur les produits présentés. La décoration est noir mat et blanc cassé, le prix des consommations indiqué au mur dans un style rappelant les cafés juifs berlinois des années trente. Nous commandons deux cafés et, après mûre réflexion, le cheesecake aux myrtilles plutôt que celui aux framboises, qui semble tout aussi parfait, même-s'il-n'est-que-dix-heures-et-demie-du-matin-et-qu'on-vient-de-prendre-notre-petit-déjeuner.

Nous descendons quatre marches en pierre vers la vaste cour et nous asseyons à une table avec nos bombes caloriques prohibées mais réconfortantes. La verrière est soutenue par de gros piliers irréguliers en acier blancs, inclinés selon des angles intrigants qui créent une structure insolite, volontairement tourmentée, alors que la lumière tombant des plaques de verre est engageante, mouchetée, égayée d'ombres mouvantes. Ces colonnes, en résonance avec le thème du musée, expriment le concept défendu par l'architecte Daniel Libeskind, selon lequel l'édifice destiné à renfermer les archives de l'oppression, des meurtres et de l'anéantissement devait lui aussi susciter la confusion, l'arrachement et l'angoisse, être un « monument témoin[1] ». L'ossature dissymétrique contraste avec la consistance crémeuse du cheesecake et les arômes de réglisse du café, tous deux délicieux. Ces parfums intenses nous procurent un plaisir enfantin, des sensations aux antipodes de l'endroit où nous sommes. Est-ce qu'on est censé manger cela ici ? me dis-je, troublé par la frivolité inconvenante des saveurs qui se répandent dans ma bouche. Mon père attaque son gâteau avec gourmandise. « Un régal, ce cheesecake, absolument exquis. »

Nous sommes entourés de jeunes, pour beaucoup escortés d'enseignants. Ils portent presque tous des vêtements bariolés, des montures de lunettes en plastique teinté, des jeans déchirés selon les canons de la mode, des hauts dans des tons primaires, barrés de slogans, des sacs à dos dans la même palette – magenta, rose, vert acide –, des chaussures de sport signées de divers logos – Nike, Adidas, Puma. Les carnets et les stylos qu'ils agitent lancent des éclairs bleu ciel, noirs, orange fluo. Ils composent un océan multicolore, tels des poissons tropicaux dans un aquarium. Leurs tenues bigarrées, l'éclat de leurs peaux juvéniles et de leurs cheveux soyeux contrastent avec l'austérité du décor : briques rouges

1. Expression tirée de la Genèse, 31, 52. *(N.d.T.)*

décapées, verre et acier, piliers déstructurés, dalles grises, tables et chaises ardoise aux pieds équipés d'embouts en caoutchouc noir. Mon père suit du regard les allées et venues désordonnées de ces adolescents, leurs motifs sans cesse reconfigurés, les groupes qui évoluent par vagues, la pulsation de la jeunesse. Ils sont plutôt calmes ; certains sont sérieux, d'autres plaisantent, échangent sur leur vie haute en couleur bien qu'ils soient dans un musée dédié aux victimes de tortures et d'assassinats. Ceux qui ont apporté des provisions grignotent des biscuits, boivent des smoothies colorés dans des bouteilles en plastique, sirotent des canettes. Subitement, cette accumulation de marques et d'emballages criards me paraît dénuée de sens. Je demande à mon père :

Tu trouves ça bien que les gens aient le droit de porter des teintes vives dans ce musée ?
Ils peuvent porter ce qui leur plaît.
À ce point-là ?
Elles sont pleines de vie.
Tu ne penses pas que c'est manquer de respect ?
Au contraire. Ils sont là. La vie continue.

Notre cheesecake terminé, nous nous rendons vers l'escalier conduisant à l'extension moderne du musée, la célèbre ziggourat qui perturbe et désoriente les visiteurs. Au pied de ces marches, les installations retracent la destruction du peuple juif de Berlin, du peuple juif d'Allemagne, du peuple juif de l'Europe entière. Dissimulés au milieu de tout cela, il y a la disparition, l'anéantissement, les morts de ma famille paternelle. Un crime contre l'humanité ; un crime contre mon père ; un génocide. Ici commence l'œuvre architecturale aux sols inégaux, aux parois inclinées, à la circulation déstabilisante, qui culmine dans un bunker en béton sans issue, un espace gris obturé par une porte en acier – le simulacre d'une chambre à gaz. Nous descendons trois volées de marches en ardoise. Mon père avance prudemment ; en bas de l'escalier, il ralentit en pénétrant dans la première galerie où le sol monte légèrement. Il s'arrête, se raccroche à la rampe en métal anodisé en se tenant l'épaule.

Tout va bien ?
Oui, ça va.
Tu es sûr de vouloir y aller ? On n'est pas obligés.
De quoi tu parles ? Évidemment que je veux y aller.

J'attends qu'il se ressaisisse puis nous gravissons le sol d'ardoise noire, le long de murs obliques. Nous commençons par une série de vitrines où sont exposés des objets de la vie quotidienne des années trente – vaisselle en argent, broche en perles, une menora abîmée qui a survécu à la guerre et, bizarrement, une seringue de la grosseur d'un bras d'enfant – avec en arrière-plan des photographies en noir et blanc prises en Allemagne à cette époque : des rues de villages, un carrefour, des habitations, des vitrines de magasins contenant des affichettes rédigées en lettres bâton irrégulières où de nombreux mots sont soulignés : « *JUDEN ! NICHT ERWÜNSCHT !* » ; *DIE EINWOHNERSCHAFT DES ORTES WÜNSCHT KEINEN UMGANG MIT JUDEN* » ; « *JUDEN SIND UNERBETENE*

GÄSTE »[1]. Mon père est fasciné. « Viens voir ! C'est exactement cela, c'était comme ça… Regarde… » Un sourire éclaire son visage. « Je m'en souviens parfaitement. Les pancartes qui sont apparues partout d'un seul coup. Voilà comment ça commence : par des pancartes. » Autour de nous, les gens sont calmes ; ce sont principalement les jeunes aux vêtements chamarrés qui étaient dans le café, mais il y a également quelques couples. Mon père s'anime. « Approche-toi ! Par ici ! Lis ce qui est écrit. » Il m'indique la photo d'un écriteau au-dessus d'un portail en bois blanc : « *KEINE JUDEN AUF DIESER FÄHRE ERLAUBT* »[2].

Je me souviens d'un de ces panneaux. Après la mort de mon père, je suis allé avec ma mère en vacances à Hiddensee. Sur la porte du bateau, il était écrit : « Les Juifs ne sont pas autorisés sur ce ferry. » Je lui ai dit : « Tu as vu ? Il y a marqué "Pas de Juifs". » Elle m'a répondu : « Ne dis rien, on va passer tout droit sans le regarder et monter à bord. » Et on l'a fait.

Vous êtes entrés ?

On est passés devant.

Nous poursuivons la visite. Mon père pose la main sur un mur et me demande :

La photo du magasin de mon père le lendemain de la nuit de Cristal ?

---

1. « Juifs indésirables ! Les habitants du quartier ne veulent pas avoir affaire aux Juifs. Les Juifs ne sont pas les bienvenus ».
2. « Ferry interdit aux Juifs ».

Oui ?

Qui l'a trouvée ?

Freddie, ton petit-fils. À l'exposition de l'Imperial War Museum sur la Shoah, à Londres.

Je me revois dedans, avec mon père.

C'était où ?

Je ne sais plus. Il en avait cinq et je ne me rappelle l'emplacement d'aucun d'entre eux.

Cinq ?

Oui.

C'était comment, dedans ?

Rempli de sacs à main, de ceintures, de gants, de bijoux… ce genre d'articles.

Qu'est-ce qui t'est arrivé le lendemain de la nuit de Cristal ?

J'étais chez nous quand elle a eu lieu, du coup je n'ai pas su grand-chose.

Et après ?

Ma mère étant communiste et pas du tout croyante, je fréquentais une école non juive. Le matin de ce qui devait être le 10 novembre, mes camarades, qui n'avaient sans doute guère plus de onze ou douze ans, se sont vantés devant moi qu'ils étaient sortis la veille avec leur père pour briser les vitrines des boutiques juives.

Vraiment ?

Ils étaient trop contents de me raconter qu'ils s'étaient bien amusés en saccageant la nôtre.

Dans l'air climatisé, sous la lumière artificielle qui projette peu d'ombres, je remarque en baissant les yeux que mes pieds sont collés l'un contre l'autre.

Les articulations de mes doigts me font mal. Des gens vont et viennent devant nous. Mon père joint les mains puis se redresse.

> *Bien sûr, si tu t'es déjà fait cracher dessus – vraiment cracher dessus – par un nazi, tu sais ce que c'est. C'est extrêmement pénible. Le jour où je suis retourné à l'école, il y en avait deux dans l'escalier, des adultes, que je devais croiser. Tous les deux m'ont craché à la figure. Ils se sont raclé la gorge et ont craché leurs glaires sur moi ; j'en étais couvert. Ensuite, ils m'ont poussé dans l'escalier. C'est très dur de se faire cracher dessus par deux nazis.*

Il garde le sourire, puis son visage se crispe et s'empourpre. Mais il ne s'apitoie pas sur son sort.

> *Les hommes politiques peuvent répandre le racisme comme s'ils ouvraient un robinet.*

Il se déplace brusquement vers la vitrine suivante pour me signifier que cet échange est terminé. Et pourquoi ne le serait-il pas ?

> *Celle-ci traite des nazis qui exigeaient qu'on ajoute Israël à notre nom si l'on était un homme et Sarah si l'on était une femme. On devait tous le faire. Officiellement, je suis devenu Hans Israël, ma sœur, Toni Sarah, et ma mère, Ruth Sarah.*

Après d'autres installations, nous parvenons à l'espace en béton auquel on accède par une large et lourde porte en acier. Je la pousse des deux mains et elle se referme derrière nous avec un bruit sourd. Nous sommes dans la pénombre. Il fait froid. Un rai de lumière et des sons indistincts nous parviennent d'une saignée dans le plafond, peint en noir, à une douzaine de mètres de hauteur. La salle se termine en pointe. C'est la reproduction d'une chambre à gaz. D'un dépouillement absolu. Entièrement en béton lissé, coffré avec des plaques de métal et non du bois. Un simulacre du lieu où une partie de la famille de mon père a péri, où ses voisins et amis juifs ont été assassinés. Il est l'un des rares survivants. Nous baissons la tête en silence, les mains serrées.

Je me tiens aussi immobile que possible. Les bruits extérieurs sont atténués, l'air autour de nous est gris. Mon père fixe le sol. Nous demeurons un long moment dans cette position. J'aimerais le photographier avec mon téléphone mais je me retiens. Je ne veux pas m'imposer. Soudain, la porte s'ouvre, un groupe de jeunes entre en bavardant. Ils ne baissent pas la voix, ne se calment pas, ne nous regardent pas. Même lorsque la porte claque dans leur dos et les enferme symboliquement, ils continuent à discuter. Leur langage corporel est bouillonnant, empreint de plaisir et de curiosité, leur conversation, animée, leurs tenues, d'autant plus vives dans l'obscurité monochrome, les mouvements de leurs pieds et de leurs coudes, un concerto de vie. Sont-ils émus ? Ce n'est pas visible. Il en arrive encore, ceux-là venus d'Italie, de Suède et de France, mais aussi d'Allemagne, du Japon, de Bulgarie, qui parlent entre eux, fort ou à voix basse, toujours vêtus d'habits et de baskets colorés ; le battant métallique pivote plusieurs fois, certains repartent très vite, d'autres prennent conscience du silence. Mon père relève la tête, les fixe du regard. Nous nous tenons devant le mur du fond. Puis ils ressortent. Nous sommes seuls. L'air se rafraîchit, les sons sont feutrés. Mon père baisse la tête. J'ai à nouveau envie de le photographier. Je sais qu'extraire mon appareil de ma poche va briser le caractère sacré de cet instant. Tant pis. Ce n'est pas bien de le consigner car cela amoindrira son importance, mais je le fais. Pour témoigner, pour moi-même. J'en ai besoin. Il le faut. Je prends la photo pendant qu'il regarde le sol. Voilà. C'est fait.

Nous restons encore un peu avant de sortir et de gravir un long escalier pour aller voir d'autres objets, documents et photographies, ainsi qu'un documentaire datant de 1929 sur Berlin, *Menschen am Sonntag*[1], réalisé entre autres par Billy Wilder avant qu'il s'exile à Hollywood, prenne la nationalité américaine et tourne *Assurance sur la mort* et *Certains l'aiment chaud*. Il montre des bonheurs simples, des Berlinois insouciants se promenant dans les rues, des amoureux qui flirtent. Aucun d'entre eux n'imagine ce qui se prépare. Comment auraient-ils pu ? Plus loin sont exposés des comptes rendus de tris, des tableaux de transports ferroviaires, des photos de Bergen-Belsen, d'Auschwitz, des clichés d'*Einsatzgruppen*[2] fusillant à bout portant mes compatriotes juifs.

Nous visionnons un court-métrage tourné en Allemagne dans les années soixante sur les procès des dirigeants nazis qui se déroulèrent dans les années cinquante. Nous écoutons Hannah Arendt, à qui l'on doit l'expression « banalité du mal », forgée lors du procès d'Adolf Eichmann à Jérusalem pour signifier que le mal procède d'une succession d'actes ordinaires, en apparence anodins – conduire un train, distribuer des vêtements, construire des allées, trier des billets de banque, insérer une conduite de gaz à l'extérieur d'une chambre. Pris séparément, ces actes n'étaient pas grand-chose, mais, réunis, ils ont permis l'Holocauste. Avec son envoûtante voix de fumeuse,

1. « Les Hommes le dimanche ».

2. « Groupes d'intervention » : unités de police militaire du IIIe Reich chargées de l'assassinat systématique des opposants politiques, et notamment des Juifs, ce qu'on a appelé la « Shoah par balles ». *(N.d.T.)*

sa prononciation parfaite, sa vibrante énergie, Hannah Arendt crève l'écran. « Nous avons des ennemis. C'est naturel. Pourquoi un peuple n'aurait-il pas d'ennemis ? [...] Il y a toujours eu moyen de résoudre les problèmes politiquement et de passer à autre chose, cela a toujours été possible. » Elle s'interrompt, ses yeux sont deux pierres brillantes, le grain de la pellicule en noir et blanc laisse présager le futur. « Là, c'était différent, c'était vraiment comme si l'abîme s'était ouvert devant nous. Cela n'aurait jamais dû arriver. »

Nous revenons à pas lents au café. L'atmosphère redevient pesante. La démarche de mon père semble alourdie, il a du mal à plier les genoux, traîne les pieds. « Je prendrai juste un café, dit-il. On oublie le cheesecake aux framboises » – probablement la conclusion d'une conversation intérieure qu'il vient d'avoir. Je vais chercher deux tasses et nous nous installons dans la partie située dans l'ancien bâtiment, meublée de tables couvertes de nappes à carreaux gris et blancs et de bancs peints en gris anthracite avec des coussins. Mon père garde le silence. Il reste longtemps sans parler. Des choses le traversent. Quel courage il a eu. Quelle noblesse. Survivre à ce qu'il a vécu et venir ici. Il a un cœur de lion, la force d'un taureau. Il est environné par la grâce.

Il lève les yeux vers les visiteurs qui ont achevé leur parcours. Une femme menue, au petit nez pointu et aux lunettes cerclées d'or, vêtue d'un chemisier en étamine blanche, est assise, les yeux dans le vague, silencieuse, à côté de son fils barbu. Un jeune homme au crâne rasé, avec d'épaisses lunettes noires, porte sur une assiette une grosse portion de tarte aux pommes surmontée d'une montagne de crème, qu'il déguste ensuite lentement et consciencieusement, morceau par morceau, à la fourchette. Entre une jeune femme en sarong vert émeraude, de grandes boucles étincelantes aux oreilles, accompagnée d'un homme qui a un piercing dans le nez et un pantalon gris à fleurs. Ils s'asseyent et se dévorent du regard. Deux étudiants envoient des messages sur leur portable. Tous sont calmes et discrets.

Soudain, le silence est troublé. On entend de la musique derrière une porte. L'un des serveurs se met à danser. Mince, musclé, il ondule lentement du bassin, les bras en l'air. Ses collègues le regardent en riant. Il dégage un certain érotisme. Mon père sourit devant cette danse de séduction.

C'est formidable que tous ces gens viennent ici, surtout ici, n'est-ce pas ? Qu'un tel endroit existe et qu'il soit plein de vie. Ici. Plus que n'importe où ailleurs.

Je vais au comptoir demander de qui est le morceau. « *Happy*, de Pharrell Williams », répond le serveur en souriant. La musique sort de son téléphone et a des sonorités métalliques. Je reprends deux cafés et nous retournons dans la cour. Les jeunes qui ont terminé leur visite commencent à affluer ; ils sont moins agités que tout à l'heure, parlent plus bas. La cour se remplit peu à peu du bourdonnement sourd des conversations. Les couleurs s'entremêlent à nouveau sur le sol, dans l'air chaud. Mon père est pâle, immobile. Les émotions ne vont pas tarder à le rattraper.

Les chiens sont sur ses talons. Je le lis sur son visage, qu'il a tourné vers moi ; son regard me transperce et va bien au-delà. Je vois son esprit s'affoler et tourbillonner. Il s'apprête à parler, puis ferme les paupières et entrouvre la bouche, qui s'affaisse un peu sur le côté. Il est gris de fatigue. Sa tête bascule en arrière et il s'assoupit inconfortablement, la nuque sur le montant de sa chaise, dans cette cour d'acier et de verre aux piliers solides et torturés, parmi tous ces beaux jeunes gens.

4.2

L'été, pendant les vacances, nous allions camper à Dale, un village du Pembrokeshire, sur la côte ouest du pays de Galles. Mon père tirait sur une remorque un petit canot qu'il avait construit et baptisé *Sal*. Dale est au bord d'une grande baie abritée, fermée au sud par une pointe, St Ann's Head, au-delà de laquelle s'étend la mer d'Irlande. Chaque année, des prospectus étaient distribués aux estivants pour les informer que s'aventurer en dériveur au-delà du cap était dangereux pour deux raisons. La première, que la houle était beaucoup plus forte et imprévisible après le promontoire ; la seconde, que les pétroliers faisant route vers le port en eaux profondes de Milford Haven croisaient non loin de là. Leur cargaison de pétrole était pompée directement dans la raffinerie récemment construite, qui traitait presque un tiers de l'approvisionnement annuel du Royaume-Uni. La proximité de la raffinerie et du port était liée à la mise en service des supertankers, d'énormes vaisseaux capables de transporter des millions de litres de pétrole brut. Ceux-ci mettaient vingt minutes à s'immobiliser et leur carène produisait un sillage dangereux pour les voiliers. Comme l'indiquaient les prospectus, « il peut facilement faire chavirer une petite embarcation ». En outre, les supertankers sont équipés d'immenses hélices, « si puissantes qu'elles provoquent des remous au niveau de la poupe qui peuvent entraîner un dériveur sous l'eau », disait mon père.

Peut-être étaient-ce ces avertissements qui le poussaient à naviguer au plus près des pétroliers. « Quel navire incroyable ! s'écriait-il pendant que nous foncions droit sur une coque noir mat. Colossal ! Une capacité de plus de neuf millions de litres de pétrole ! Neuf millions de litres ! Allons voir ça. » Parfois, ils actionnaient leur sirène pour nous forcer à nous dérouter, ce qui le mettait en joie. « Vous entendez ? » hurlait-il, la mine réjouie, tandis que les ondes sonores couraient sur les flots.

J'avais sept ans la première fois qu'il m'a emmené en mer. Je n'avais pas encore appris à nager et, malgré mon gilet de sauvetage, j'étais certain de me noyer si je passais par-dessus bord. On me faisait en effet enfiler de gros chandails de laine pour me tenir chaud, qui se gorgeraient d'eau si je basculais ou si nous nous renversions. Je le savais d'autant plus que mon père ne cessait de répéter : « Ne t'avise pas de tomber ; ton pull s'imbibera et t'attirera au fond. »

Autant mon père se délectait de voguer sur le bateau qu'il avait lui-même fabriqué, des vagues qui se brisaient au-dessus de nos têtes, de la nécessité d'écoper sans relâche avec le seau en plastique qui servait d'habitude à construire les châteaux de sable, des violents allers-retours de la voile, de l'air froid et salin qui bleuissait mes doigts, autant moi je les redoutais. Lorsqu'un rouleau déferlait sur nous, j'étais terrorisé ; lui, surexcité, me lançait à tue-tête avec un grand sourire, le front auréolé de cheveux qui dansaient dans le vent : « C'est ça, la vie ! » Je me cramponnais à l'écoute, les yeux brûlés par le sel, et lui hurlait de plaisir. « C'est ça, la vie », répétait-il tandis que je tirais sur le foc de toutes mes forces, n'osant regarder au-delà du bord. La liberté de l'océan l'enchantait ; je sentais sous mes pieds ses profondeurs insondables.

En dépit de sa promesse à ma mère de ne pas doubler St Ann's Head, il le faisait systématiquement. À peine avions-nous dépassé sa protection et pénétré en mer d'Irlande que le canot était ballotté en tous sens. J'observais mon père, concentré sur les mouvements des vagues et la direction du vent, les deux mains sur la barre, qu'il déplaçait par à-coups d'un côté puis de l'autre, bordant la grand-voile tout en se déportant pour stabiliser le bateau. « Ça secoue par ici », clamait-il par-dessus le tumulte de l'océan et des gerbes soulevées par la coque fendant les flots. « Sacrée vague ! » s'écriait-il avec une joie malicieuse alors que nous prenions des paquets d'eau sur la tête. Si nous devions changer de cap, il s'égosillait : « Paré à virer ? » Puis : « Envoyez ! » Sitôt l'instruction lancée, il poussait la barre à fond et la bôme balayait le pont à toute allure. En la voyant venir sur moi, je baissais la tête aussi vite et aussi bas que possible, la sentant frôler mon crâne, et rampais de l'autre bord. « N'oublie pas de te courber si tu ne veux pas prendre un coup qui t'assommera ou t'enverra à la flotte. Voire les deux. »

Durant ces sorties, nous pêchions le maquereau en lançant à la poupe une ligne d'hameçons auxquels était accroché un train de plumes multicolores. Je me penchais à intervalles réguliers pour voir si nous en avions attrapé un. « Vérifie les plumes, disait mon père. Agite-les de haut en bas. » Je m'exécutais et les taches colorées se déployaient sous la surface jusqu'à ce que nous ayons une prise. En sentant la tension du fil, je découvrais la relation intime entre le chasseur et sa proie, le tueur et sa victime ; l'effet de ses contorsions se propageait jusque dans ma paume. Les maquereaux se démènent comme de beaux diables pour se débarrasser de l'hameçon qu'ils ont dans la gueule. Ils luttent à mort. Avant de les sortir, je les voyais se débattre pour se libérer ; leurs teintes stupéfiantes – vert, pourpre et mauve – irradiaient sous l'eau puis projetaient des reflets brillants dans l'air piquant.

Hors de l'eau, ils devenaient beaucoup plus lourds et leurs coups de queue étaient plus frénétiques. Dès que mon père en voyait un au bout de la ligne, il faisait pivoter le canot et plaçait la proue face au vent. « On se met vent debout pour s'immobiliser », criait-il. Il virait de bord et donnait du mou aux voiles, qui faseyaient dans un vacarme étourdissant. Nous étions ballottés par la houle, couverts d'embruns. Je soulevais le poisson, mon père le saisissait aussitôt, détachait l'hameçon, prenait une dame de nage – la pièce métallique en forme de Y sur laquelle repose l'aviron – et, tout en maintenant le maquereau sur le plat-bord, le frappait violemment jusqu'à ce qu'un sang noirâtre gicle de sa tête en bouillie, pendant que le bateau tanguait follement et que l'animal se convulsait une dernière fois avant de rendre l'âme. Avec son rictus habituel, mâchoires serrées, mon père les jetait au fond les uns après les autres. Il répétait cette séquence pour chaque poisson, lui aplatissait la tête, le maudissant s'il glissait de ses mains. « Viens ici, fumier. Maudit salopiot ! » Nous en capturions parfois une vingtaine et, sous les vociférations de mon père, tous subissaient le même sort dans le bruit sourd du métal écrasant leur chair. Leur sang éclaboussait la coque vernie, leurs écailles iridescentes formaient d'angéliques ruisseaux pourpre, mauve, vert foncé et brun. Les couleurs éclatantes de leurs cadavres chatoyaient.

Certains gigotaient avec tant d'énergie qu'ils réussissaient à s'échapper. Grâce à leur peau visqueuse et à leur force, ils se ruaient vers la liberté, tels les cafards sur le sol de notre cuisine, s'envolaient brièvement avant de se réfugier dans l'eau salée. Mais la plupart gisaient morts, tête fracassée, me fixant de leurs yeux pleins de reproches jusqu'au terme de notre équipée. Mon père affirmait : « Il faut être prêt à tuer ce qu'on mange. »

Lorsque enfin nous revenions à terre, je remontais lentement sur la grève en sentant le sable s'imprimer sous mes pieds. Chaque caillou picotant ma voûte plantaire provoquait une douleur exquise qui me rappelait que j'étais en lieu sûr. Je m'allongeais, contemplais le ciel puis fermais les yeux jusqu'à ce que j'entende monter de mes entrailles un son qui me traversait tout entier. Une longue note apaisante et enveloppante qui semblait me connecter à ce qui m'entourait : la mer d'où je revenais, les mouettes qui se pourchassaient en criant dans l'azur, les écailles scintillantes des maquereaux morts, les vaguelettes ondoyant sur la grève, les appels des vacanciers jouant sur la plage, et peut-être même le ciel bleu, le vent, la planète qui tournait. C'était le bourdonnement qui émanait de moi quand je ressentais un soulagement intense, l'état de conscience augmentée que j'atteignais chaque fois que je survivais à un danger, qui me mettait en état de grâce et me faisait percevoir la part angélique de mon cœur. Étendu de tout mon long, avec le vent sur ma peau et les galets qui s'enfonçaient dans mon dos, je voyais s'embraser les couleurs du monde.

Quand le soleil de ce long été, avant de disparaître à l'horizon, étirait nos ombres en géants marchant à nos côtés et que la température fraîchissait, nous ramassions du bois flotté sur la plage pour faire du feu. Mon père nous montrait comment le préparer correctement, trouver le bon emplacement sous le vent, disposer herbes sèches, brindilles et branches par ordre de taille croissante, en les espaçant afin qu'il y ait assez d'oxygène pour la combustion. Il inspectait chaque morceau de bois que nous apportions. « Il doit être sec à cœur. Tâche d'en trouver un autre. » Lorsque le tas était prêt, il l'allumait aux quatre angles. L'herbe s'embrasait aussitôt, craquait et noircissait très vite en dégageant une fumée blanche ; les flammes, à peine une lueur au départ, se propageaient au petit bois puis aux branches. Dès que le feu avait surmonté sa timidité et se mettait à flamber, mon père nous apprenait à vider les poissons avec le canif à poignée de cuir qui pendait à son porte-clés. C'était l'un de ses biens les plus précieux ; il le possédait depuis son arrivée en Angleterre et l'aiguisait de temps en temps dans la cour, derrière la maison, en frottant patiemment la lame d'avant en arrière sur une longue pierre grise mouillée d'un peu d'huile.

Nous saisissions à tour de rôle le petit couteau meurtrier pour ouvrir le ventre d'un maquereau en prenant soin de ne pas diriger la lame vers nous. Mon père nous indiquait où pratiquer l'entaille, comment extraire les intestins roses et luisants, les vessies natatoires et éventuellement les œufs, avant de les jeter dans un petit seau pour les mouettes. Une fois qu'il y avait des braises, nous y déposions les poissons emballés dans du papier aluminium. Ensuite, nous les retirions avec un bâton, frottions les cendres et dépliions les papillotes. Cuits dans leur jus au feu de bois sur une plage, ces maquereaux frais, dont la tête écrabouillée tenait encore à l'arête dorsale, étaient un délice.

J'observais la mer, émerveillé par la distance que nous avions parcourue quelques heures plus tôt. Les pétroliers qui avançaient lentement au loin me paraissaient désormais minuscules, inoffensifs, et j'entendais à nouveau mon corps bourdonner.

4.3

Nous sommes en train de lire à l'hôtel quand mon père m'annonce qu'il souhaite visiter l'immeuble où il a vécu.

Je veux aller là où je suis né.

Tu n'y es jamais retourné ?

Non.

Pourquoi ?

Jamais eu envie.

Tu n'as pas cherché à retrouver l'immeuble ?

Après la guerre, ma mère est partie vivre à Berlin-Est, tu le sais. Moi, j'avais grandi à Berlin-Ouest.

Vous ne pouviez donc pas y aller ensemble ?

Exact.

C'était où ?

Près du parc de Tiergarten. Au nord. Vers l'Englischer Garten.

Tu connais l'adresse ?

Helgoländer Ufer.

Je demande à l'employé de l'accueil de m'indiquer où se trouve Helgoländer Ufer. Il me le montre sur l'un de ses plans en papier. « Il faudra prendre un taxi, me dit-il. Ce n'est pas tout près. » Je me tourne vers mon père.

> Nous allons devoir y aller en taxi.
> *N'importe quoi.*
> C'est assez loin.
> *Pas du tout.*
> C'est ce que dit monsieur.
> *Ça me fera du bien de marcher.*
> Il fait froid.
> *On ne traînera pas.*

Nous partons donc vers Spittelmarkt, puis nous descendons quelques marches pour longer le Spreekanal. À l'approche du pont Grünstraßenbrücke, mon père devient plus enjoué.

> *Avec mes copains, on venait regarder les remorqueurs rabattre leur cheminée pour passer dessous. Elles avaient des charnières à la base et se repliaient vers l'arrière. Je me postais là quand ils glissaient dessous. On était enveloppés de vapeur.*

Il regarde le pont. Je vois son corps se détendre à mesure que le souvenir remonte. Un sourire flotte sur son visage. Lui et ses amis agitant le bras. L'équipage du remorqueur abaissant la haute cheminée, guidant le bateau. Les nuages de vapeur.

Nous tournons le dos au canal, descendons sur toute sa longueur Leipziger Straße, où les voitures roulent vite, jusqu'à Potsdamer Platz, et entrons dans le Tiergarten par le sud-est. Il est presque vide. La plupart des gens promènent leur chien, quelques-uns font du vélo ; tous sont emmitouflés dans plusieurs couches de vêtements épais. C'est un parc bien entretenu, ponctué de plans d'eau, avec des haies basses et des allées sinueuses menant à des statues d'anciens Prussiens – le maréchal Helmuth Graf von Moltke, une Amazone en bronze, une série de quatre grandes statues noires représentant la capture d'un renard et la mise à mort d'un sanglier. Nous marchons jusqu'à ce que le froid transperce mes semelles et me chatouille les pieds. Nous arrivons à l'Englischer Garten.

J'ai appris à faire du vélo par ici.
C'est un bel endroit pour apprendre.
C'était.

Nous dépassons les parterres de rosiers aux branches taillées pour l'hiver et ressortons du parc. Mon père veut aller à la station de *S-Bahn* Bellevue toute proche. À l'entrée, deux grands étals de fleuriste débordent de bouquets mélangés et de fleurs coupées dans des vases blancs. Nous gravissons l'escalier qui mène au quai. Mon père lève la tête vers la toiture en verre et acier.

Toujours aimé ce toit. Les murs de briques renforcés par des colonnes. Les travées en fer forgé. Les grandes verrières zénithales. Le mélange des techniques de construction traditionnelles et modernes.

Je lève la tête à mon tour.

Le jour de mon départ de Berlin, j'ai rejoint Friedrichstraße depuis cette station.
Tu es parti d'ici ?
Ma mère et moi avons pris le S-Bahn *jusqu'à Bahnhof Friedrichstraße et je lui ai dit au revoir là-bas.*
Tu es venu sur ce quai avec ta mère ?
Oui.
C'est la première fois que tu reviens ?
Oui.
Toni était là aussi ? Pour dire au revoir ?

Il me jette un coup d'œil, plonge un bref instant son regard dans le mien puis tourne les talons et avance sur le quai. Une rame s'arrête. Quelques voyageurs montent, plusieurs descendent. Je vois l'expression de leur visage changer dans la fraction de seconde où ils se concentrent sur la manière dont leur équilibre va être modifié lorsqu'ils passeront du marchepied du wagon à la plate-forme, plus bas de quelques centimètres. Je rejoins Hans. Il me regarde et répond :

Toni n'était pas là.

Il fait volte-face et redescend les marches. Je le rattrape au niveau du stand de fleurs, au milieu d'un assortiment de soleils et de roses dont les coloris jaune et rouge vif sur fond de carrelage blanc détonnent dans le froid automnal.

Pourquoi ne vous a-t-elle pas accompagnés ?
Elle n'était pas là, c'est tout.
Elle était venue nous voir au pays de Galles et on était allés à Ynyslas avec elle, tu t'en souviens ?
Bien sûr que je m'en souviens.
On ne l'a jamais revue.
Parce qu'elle n'est jamais revenue.
Tu n'es pas allé chez elle en Israël.
J'étais très occupé.
Quand elle est morte, tu n'es pas allé à son enterrement.

Il s'éloigne de la boutique, ressort dans la rue et se met à marcher. Je le rattrape.

Je ne veux pas en parler.
D'accord.
J'ai envie d'un café.
Moi aussi.
Allons là-bas.
Où ?
Là.

Il m'indique un endroit au bout de la rue. De loin, je distingue ce qui me paraît être une grande demeure ou un petit hôtel.

Tu es sûr que c'est un café ?
On n'a qu'à essayer.

Nous traversons la chaussée au niveau de Holsteiner Ufer. Le froid a pénétré mon manteau et gagne mes os. Il y a une inscription en rouge sur la façade du bâtiment vers lequel mon père se dirige : « *BAUMKUCHEN SEIT 1852* ». Dès qu'on est plus près, je vois qu'il s'agit d'un café, le G. Buchwald Konditorei.

Une fois la porte d'entrée franchie, nous nous trouvons devant un présentoir où sont exposés différents gâteaux décorés. D'une voix douce et prévenante, quatre vendeurs décrivent les pâtisseries aux clients qui font la queue : « *Dieser Schokoladenkuchen ist perfekt. Es hat frisch Sahne in Schichten*[1]. »

Derrière une porte, j'aperçois une salle, des tables couvertes de nappes rouge sang ornées d'un vase en

1. « Ce gâteau au chocolat est parfait. C'est un marbré à la crème fouettée. »

cristal taillé contenant un petit lys blanc. Mon père s'y rend sans hésiter et s'assied près d'une fenêtre. Les murs sont tapissés d'un papier peint Anaglypta brillant à motifs beige et argent, et les chaises d'un tissu ivoire à broderies rouge minium. Au fond, un grand bouquet de kniphofias trône sur un vieux bahut en chêne. Un jeune serveur rasé de près se présente. Mon père s'adresse à lui sans le regarder :

Zwei Kaffee schwarz. Zwei Baumkuchen[1].

Le serveur note la commande.

C'est quoi, le *Baumkuchen* ?
Attends de voir.
Comment savais-tu que ce café était là et ce qu'il fallait commander ?
Ce n'est pas évident ?
Pas vraiment.

Nos parts de *Baumkuchen* arrivent. Il s'agit d'un gâteau au chocolat composé de plusieurs couches, nappé d'un glaçage au chocolat amer. La génoise est légère, parfumée à la vanille, avec un petit goût de sel.

1. « Deux cafés noirs. Deux *Baumkuchen*. »

Je venais quand j'étais petit.
Ici ?
Oui.
En famille ?
Oui.

Il me montre par la fenêtre un immeuble de six ou sept étages, distant d'une centaine de mètres, à la façade ocre et aux encadrements de fenêtres blancs.

Tu vois ces appartements ?
Les plus foncés ?
C'est là que j'ai grandi. On habitait au premier. Les fenêtres de gauche.
Tu vivais là ?
Oui.
Et Toni ?

Quoi, Toni ?
Qu'est-ce qu'il y a eu entre vous ?
Ça suffit avec Toni.

Nous buvons notre café et mangeons en silence. Les clients discutent à voix basse. Je lis sur la brochure imprimée en anglais :

> Le *Baumkuchen*, ou « gâteau à la broche », est un cake au beurre composé de fines couches superposées. C'est la spécialité de la pâtisserie Buchwald depuis 163 ans ; encore aujourd'hui, nos *Baumkuchen* sont préparés à partir de la recette originale de 1852... L'entreprise a déménagé à Berlin à la fin du XIXe siècle.

J'envie cette permanence. Je comprends mieux de quoi mon père a été exclu.

Nous finissons notre gâteau et nous levons. Dans la salle qui est à l'entrée, près de la vitrine réfrigérée où sont présentées les pâtisseries, plusieurs certificats sont affichés, recensant les récompenses décernées à l'établissement Buchwald au fil des ans. Au fond d'une alcôve, en partie dissimulée par une tenture claire, une affichette indique que le café a été primé en 1942 et 1943. Je me demande qui pouvait bien composer le jury.

Nous passons au-dessus de la Sprée. Deux statues d'ours se dressent à chaque extrémité du pont Moabiter.

Nous prenons à droite Helgoländer Ufer et nous arrêtons devant son ancien appartement.

La poignée n'a pas changé.

Il pose la main dessus. Je l'imite. Nous restons ainsi, côte à côte, un certain temps. Un homme vêtu d'un imperméable sombre sur un sweat-shirt rayé sort de l'immeuble et s'engage dans la rue. J'observe la vue, le pont, la rivière, les gens qui vivent leur vie. Une jeune mère et son fils sortent à leur tour et croisent l'homme que nous venons de voir, qui revient en tenant un journal contre sa marinière. Ils discutent brièvement puis il rentre dans l'immeuble ; la jeune femme s'éloigne avec son fils. Une vieille dame, qui s'aide de deux cannes, apparaît à la porte. Mon père lui demande s'il peut entrer car il aimerait voir une peinture murale qui est dans le hall. Il s'exprime en allemand, en choisissant ses mots. L'octogénaire, très maquillée, porte un rouge à lèvres voyant, des vêtements en tweed et des lunettes à monture dorée avec des verres teintés en jaune – couleur censée mettre de bonne humeur. Elle lui répond en anglais sur un ton très ferme :

> Non. On ne peut pas laisser entrer les gens comme vous.

La porte se referme. La dame s'en va à pas lents. Au bout d'un moment, nous l'imitons.

> Quelle méchante femme !
> *On ne peut pas lui en vouloir de ne pas nous laisser entrer. Elle ne nous connaît pas. J'aimerais aller à l'aquarium. Ce n'est pas loin.*

Nous rebroussons chemin par le pont, les ours, le café Konditorei, la station Bellevue et l'Englischer Garten.

Tu as grandi dans un beau quartier.
Oui, sauf pour les Juifs.

Nous traversons le parc jusqu'à l'aquarium, qui fut construit en 1913 et a lui aussi survécu à la guerre. « J'adorais cet endroit, dit mon père. Je venais avec mes copains. » Nous prenons nos billets et visitons les trois niveaux. Nous déambulons devant des insectes posés sur des rondins, des requins à peau claire dans d'immenses bassins, des poissons-chats blancs et des anguilles bleu nuit, des poissons tropicaux aux couleurs vives, et enfin l'aquarium des méduses. Mon père les regarde évoluer, se gonfler lentement, tourner en cercles soporifiques autour du bassin vitré, apparemment suspendues dans une sorte de béatitude. Sur un panneau, on peut lire :

> « Certaines espèces de méduses doivent être nourries à la main. On dépose avec une pince de petits morceaux de poisson sur un tentacule ou on les introduit dans le tentacule à l'aide d'une canule reliée à la cavité buccale. On ne peut pas faire cohabiter différentes espèces car les plus faibles finissent par se faire dévorer. »

Il est pétrifié par ce spectacle.

Peu avant que je parte en Kindertransport, *Toni est allée travailler aux Pays-Bas et s'est fait embaucher comme domestique.*

Ta mère t'a choisi ?

Ce n'est pas si simple.

C'est ce que Toni te racontait au pays de Galles ?

Non, ce n'était pas cela.

Elle était très énervée à propos de quelque chose.

Elle avait dix-huit ans, moi douze. La décision a été prise en fonction de ça.

Comment a-t-elle survécu ?

Elle a trouvé un emploi dans une ferme et s'est engagée dans la résistance hollandaise ; elle était blonde et n'avait pas le type juif. À la fin, le paysan l'a cachée dans une grange. Après la guerre, elle a pris plusieurs trains pour se rendre à Nice et a embarqué sur un bateau vers la Palestine, qui était sous mandat britannique.

Et plus tard ?

Elle a vécu dans un kibboutz – Ramat Rachel. En arrivant à Jaffa, le bateau ne pouvait pas accoster, alors elle a sauté du pont et nagé vers la côte.

C'est de cela que vous parliez ?

Oui.

Des images de dunes me reviennent en tête. La mer à Ynyslas. Le regard de Toni, le conseil qu'elle m'avait donné. Je l'imagine plongeant du bateau, nageant dans la Méditerranée, légère. Posant le pied sur le rivage. Ses orteils sur le sable brûlant. Ses yeux brillants.

Sans quitter les méduses du regard, mon père ajoute :

Elle a eu de la chance.

Il marque une pause avant de reprendre :

Moi aussi.

4.4

C'est l'été. Nous sommes en l'an 2000. Après quelques jours de vacances, mon père, ma mère, ma femme Barbara, nos trois jeunes enfants – Joe, Freddie, Rosa – et moi-même sommes à Killerton House, une propriété du National Trust située dans le Devon. Sur la route du retour, mon père nous a dit qu'il aimerait aller y « faire un tour ».

Pendant que les petits jouent dans les jardins, il m'apprend que c'est là qu'il fut envoyé quelques semaines après son arrivée en Angleterre. Vinehall, le pensionnat où il devait effectuer sa scolarité, y avait été évacué pour la durée de la guerre. Sa nouvelle vie a donc débuté dans ce lieu. Il n'a jamais su pourquoi ni comment cela s'était fait. Il a cherché à se renseigner, mais tout ce qu'il a appris, c'est qu'il avait été parrainé sous réserve que son bienfaiteur conserve l'anonymat – « le cadeau d'un inconnu ».

Il réunit ses petits-enfants et les emmène visiter la demeure en répondant à leurs questions. « Je montais et je descendais cet escalier en courant. » « La salle où l'on prenait nos repas. » « Voilà le cellier. » « Le premier jour, on m'a déposé là. » Le National Trust a interdit au public l'accès de certaines parties du manoir. En vertu de quoi, puisque nous sommes avec mon père, nous passons sous les cordons de sécurité. Nous pénétrons dans un garage attenant. Sur l'un des murs blancs, les contours d'outils de menuisier – scies, poinçons, tournevis, marteaux – ont été peints en noir pour qu'on puisse les ranger et les retrouver facilement. Le bâtiment est resté dans son jus depuis des années. « C'est moi qui les ai dessinés », déclare mon père. Je les regarde, avec mes enfants. Ils sont la première preuve tangible de sa présence en Angleterre. Il ajoute qu'il y avait un autre garçon juif qui avait fui l'Allemagne grâce au *Kindertransport*.

Cela devait te réconforter d'être avec quelqu'un qui avait connu les mêmes épreuves que toi.
On n'en parlait pas.
Vous discutiez en allemand ?
Non.
Pas du tout ?
Ni l'un ni l'autre.

En sortant de l'écurie, nous allons dans le parc et nous arrêtons sous un tulipier.

Après le discours de Winston Churchill à la radio où il annonçait l'entrée en guerre de la Grande-Bretagne, je suis sorti dans le jardin et je suis venu ici, sous ce tulipier. J'ai compris que je ne retournerais pas à Berlin, que je resterais en Angleterre. C'est là que j'en ai pris conscience.
Tu as pris conscience de quoi ?

Que je ne reverrais plus ma mère, ni ma famille.
Tu l'as su à ce moment-là ?
Oui.
Que tu les avais perdus ?
Oui.
À douze ans ?
Je venais de les avoir, oui. Et j'ai aussi compris autre chose.
Quoi ?
Que j'avais de la chance.
De la chance ?
De la chance.

Entouré de mes enfants, dont la vitalité me remplit de bonheur, je perçois une fois de plus ce que je sais déjà : l'univers qu'il a connu n'a rien de commun avec le nôtre. Mon père a été mis à l'écart. En apparence, il ne semble pas différent, il vit dans notre monde, mais il ne s'y est pas intégré. Il ne s'y meut pas facilement, ne sait pas prendre ses aises, se laisser flotter à la surface, ouvrir ses pores et se fondre dans sa grâce. Au contraire, il se bat, durement, avec désespoir, car il veut y demeurer et redoute qu'on l'en expulse à tout moment.

Ses activités incessantes – courir, pédaler, nager, jardiner, travailler – sont des objectifs atteints, des actes accomplis. Toutes ses aventures confirment ce qu'il a perpétuellement besoin de se remémorer : qu'il est vivant. Cela équivaut pour lui à une énumération de réussites, une liste de performances. Il sait qu'il existe car son esprit peut le comprendre par un processus de déduction : il a accompli telle et telle chose, rendu visite à Untel, couru tant de kilomètres, construit cette cabane, taillé cette haie, est allé à cet endroit, a acheté une nouvelle tondeuse, fait ceci, terminé cela, de sorte qu'il peut se dire en toute confiance, et avec raison, qu'il est bien en vie. Cette opération mentale exige une multitude de stimulations. L'immobilité est inenvisageable.

On t'a réellement laissé seul dans un appartement ?
Oui.
Combien de temps ?
Deux semaines.
Tu parlais anglais ?
Pas vraiment. C'était assez drôle. J'avais très peur d'une camionnette qui circulait dans le quartier. Sur le côté, il était écrit « Boucherie familiale ». Je croyais qu'à l'intérieur il y avait des gens qui tuaient des familles. Un jour, on m'a conduit ici.
Tu allais où pendant les vacances scolaires ?
Nulle part. Je restais ici. Tout le monde s'en fichait. J'ai construit un pont pour aller sur la petite île qui est au milieu du lac.

On voit au loin un petit lac avec un ponton menant à un îlot.

Je l'ai construit mais il a dû être réparé ou remplacé depuis.
Je n'en reviens pas.
Tout ce que je peux dire, c'est qu'ici c'était le paradis.

Il s'interrompt et me regarde.

C'était le bonheur.

La douleur qu'il ressent en ranimant ses souvenirs m'enveloppe puis se dépose en moi. Elle se déplace dans mon abdomen, sous mes côtes. J'ai absorbé une partie de son passé. Pourquoi, je l'ignore. C'est devenu le fantôme noir qui m'habite. Contre lequel je lutte mais qui s'accroche à moi. C'est la paroi de mon cœur. Les calculs dans mes reins. L'arthrose de mes mains. Il s'est collé à mes organes vitaux et livre un combat sans fin avec mon esprit, mon esprit étrange et bouillonnant qui m'inonde de pensées alors que je ne demande qu'une chose : avoir la paix. Des images en continu, et les bruits assortis, pareils aux cascades volubiles des collines galloises de mon enfance qui s'écoulent dans de vastes bassins en contrebas.

4.5

Nous montons dans les étages de l'aquarium. Du haut d'un petit pont, nous regardons les alligators, leurs yeux fixant le vague sous des paupières lourdes et leurs mâchoires vieilles de millions d'années. Tout à coup, mon père veut s'en aller. Nous repartons par Budapester Straße, une artère très fréquentée, et reprenons à pas lents la direction du Tiergarten.

Sans prévenir, mon père s'arrête, fait demi-tour et franchit l'avenue d'un air déterminé. « Où va-t-on ? — Au KaDeWe. Je viens de me rappeler quelque chose. C'est près du KaDeWe. » Il presse le pas. Nous poussons les portes en aluminium de l'Europa-Center, un centre commercial datant des années soixante situé au pied d'un immeuble de vingt étages surmonté d'un énorme logo Mercedes rotatif éclairé au néon. Nous sommes tout près des ruines de l'église du Souvenir-de-l'Empereur-Guillaume, baptisée « *der hohle Zahn* » (« la dent creuse »), qui fut détruite par les bombardements alliés en 1943 ; son clocher écimé et ses murs grêlés constituent un douloureux (mais aujourd'hui splendide) souvenir de la

Seconde Guerre mondiale. Je repense à Bryn Lewis et mon père discutant au fond du jardin à Pentrosfa.

L'Europa-Center se vante de proposer à ses clients « une expérience totalement inédite », mais les moyens qu'il a l'intention de mettre en œuvre pour y parvenir ne sautent pas aux yeux. Nous dépassons à grandes foulées deux immenses affiches représentant des mannequins souriants à la dentition parfaite qui étincelle sous les rubans LED – « *FÜR SNEAKER FREAKS-BIS-HIGH HEELS TRÄGER AND FÜR ALTBERLINER BIS NEU-NEUKÖLLNER*[1] » – et, la galerie étant toute petite, ressortons presque aussitôt sans avoir vécu la moindre expérience inédite. Nous empruntons à gauche Tauentzienstraße pendant cinq minutes, retraversons l'avenue et poursuivons notre chemin. Un grand magasin construit au tournant du XXe siècle se dresse à notre droite. « C'est le KaDeWe, dit mon père, le *Kaufhaus des Westens*[2]. »

Il pénètre dans le plus vaste magasin d'Europe. Je lui emboîte le pas. Un homme en uniforme, coiffé d'un chapeau claque, hoche la tête en signe de bienvenue. Dans l'immense atrium, au milieu d'une foule chatoyante, nous respirons les parfums des stands de produits de beauté, passons devant les savons, les pots de crème pour le visage, les tubes d'eye-liners et de rouges à lèvres, les montres dans des petites vitrines en verre.

---

1. « Pour les fans de baskets ou de talons aiguilles, les inconditionnelles du vintage comme les adeptes du dernier cri ».

2. « Le magasin de l'Ouest ».

Quelle connerie…
Quoi donc ?
De faire les courses.
Les gens aiment ça.
De la folie.
Je ne crois pas être allé une seule fois dans les boutiques avec toi.
On a mieux à faire.
Pourtant, ton père possédait des commerces.

Il m'adresse un de ces regards dont il a le secret.

C'est au n° 6.

Il tourne les talons et repart précipitamment. Nous recroisons l'homme qui nous a accueillis et un flot de clients qui entrent. Mon père sort dans Tauentzienstraße, descend du trottoir et agite les bras à l'intention des voitures sans tenir compte du concert de klaxons, slalome au milieu des camions et des camionnettes qui l'évitent, indique aux automobilistes de lui laisser la voie libre, avec moi dans son sillage. Nous remontons l'avenue en esquivant les badauds faisant du lèche-vitrines, les amoureux et les fashionistas qui flânent. Il scrute les devantures jusqu'à ce qu'il se plante devant l'une d'elles, qui est un chantier.

Ce doit être ici. Le magasin qui était sur la photo. N° 6. N° 6. Il parlait toujours du n° 6. Bien sûr, c'est le n° 6.

Le 6 Tauentzienstraße est en travaux. Sa façade est recouverte d'un échafaudage protégé par des clôtures grillagées. J'aperçois des hommes poussiéreux et casqués, adossés à des planches de contreplaqué empilées ou penchés sur une liasse de plans. La boutique fait l'objet d'une rénovation complète.

C'est là. Un des magasins de mon père. Allons-y.
On ne peut pas. C'est interdit. On ne nous laissera jamais entrer.
On n'a qu'à repasser dans dix minutes.

Nous arpentons le trottoir, observons l'avenue, la cohue, les éventaires de marché, puis nous revenons sur nos pas. Il n'y a plus d'ouvriers au n° 6 – du moins, aucun qui soit visible. Deux panneaux ont été légèrement écartés pour leur permettre d'entrer et sortir. Nous nous faufilons dans la brèche, sous l'échafaudage, devant des écriteaux où est indiqué « *NO ENTRY, ACHTUNG, GEFAHR KEIN EINTRAG*[1] ». Nous sommes dans le magasin de mon grand-père. Les murs ont été mis à nu et le gros œuvre en béton d'origine est apparent. Le mur du fond est percé d'une fenêtre en hauteur donnant sur un grand espace avec des arbustes et des arbres, les façades arrière de commerces et d'habitations.

Je me souviens très bien de cette vue. Mon père me portait pour que je regarde par cette fenêtre.

1. « Défense d'entrer – Attention – Danger – Entrée interdite ».

Tu étais là avec ton père ?
On était là tous les deux.

Tout à coup, je me sens mal. Je suis pris d'un violent vertige. J'ai l'impression que mon front est serré dans un étau, que je vais vomir.

Excuse-moi, je ne me sens pas bien.

Sans répondre, mon père va et vient, disparaît derrière une cloison, puis monte un long escalier tournant, ce qui m'inquiète un peu. Dès qu'il est hors de ma vue, je m'allonge sur le ventre. Le poids dans mon dos est revenu. Je colle mon visage par terre. La poudre de ciment est amère, sèche dans ma bouche ; elle s'insinue dans mes narines, colle à ma peau. Je mets la langue sur le sol, l'embrasse, puis me relève. Mon père revient.

C'est quoi, ces façons de te coucher ?
Je ne sais pas trop.
C'est quand même bizarre.
C'est vrai.
Tu es plein de poussière.
Je m'en doute.
Ici, il y avait un comptoir et les articles étaient exposés dans des vitrines là-bas. Je servais souvent les clients.
Et ta mère ?
Elle venait de temps en temps, mais elle restait le plus souvent à la maison.
Et Toni ?
Elle venait aussi avec nous.

Tous les quatre dans le magasin ?
Exact.
Heureux ?
Heureux ? Je suppose.

Je photographie le chantier de ce qui fut le magasin de mon grand-père.

Un homme surgit. Il porte un casque, une ceinture d'où pendent des outils, des bottes à coque d'acier. Il est blanc de poussière, imposant et très énervé. Je le vois à sa façon de se camper devant moi, bras croisés, en me dévisageant d'un air vaguement menaçant. Une bonne cinquantaine, baraqué, visiblement depuis longtemps dans le secteur du bâtiment. En observant ses yeux plus attentivement, je vois qu'il est partagé entre l'inquiétude, l'embarras, la fureur, et que notre présence le perturbe beaucoup. Son regard semble à la fois sensible et agressif, comme s'il avait envie de me frapper et qu'il me suppliait de ne pas lui causer d'ennuis. Il prononce en allemand des mots signifiant que je dois déguerpir sur-le-champ. Je lui montre mon téléphone, explique que je prends une photo. « Pas de photos », répond-il. En balayant la pièce du regard, je constate que mon père n'est plus là. Je ne le vois nulle part. L'homme insiste, m'ordonne de sortir en montrant du doigt l'entrée du magasin. Une fois dehors, je trouve mon père sur le trottoir. Calme, pas du tout impressionné. Nous traînons un peu devant la boutique. J'essaie de retrouver l'angle d'où fut pris le cliché de la nuit de Cristal, mais les travaux m'empêchent d'approcher de la façade.

Nous rentrons à pied au Grimm's Hotel. Avant de s'endormir, il me dit qu'il aimerait aller le lendemain sur les tombes de son père et de son grand-père à Weißensee, « pour la première fois de [s]a vie ».

4.6

Lors des kermesses de Llandrindod, il y avait des tombolas où l'on pouvait gagner des bouteilles de Mateus rosé ou de riesling Blue Nun, des voyages en car à Aberystwyth, des grandes boîtes en fer-blanc de biscuits ou des cartons de viande de la boucherie Abberley. La fanfare locale jouait souvent dans la salle ou sur scène et sa musique mélodieuse – *Nimrod* des *Variations Enigma* d'Elgar, le thème des *Briseurs de barrage*, des valses de Vienne ou des marches militaires – réchauffait l'ambiance. Un des angles de la pièce était réservé à des gâteaux raffinés : au café et aux noix, au chocolat et cerises confites ou aux fruits secs, contenant une telle quantité de raisins macérés dans du thé qu'ils avaient un goût de pierre. Il y avait aussi des génoises à la confiture de fraises ou de framboises, fourrées d'une épaisse couche de crème au beurre. Les parts étaient servies avec du thé noir corsé que l'on versait d'une grande théière jaune pâle à l'émail écaillé dans des tasses vert pomme ou aubergine à soucoupe. Des livres reliés à la toile délavée vert olive ou ocre, tous orphelins de leur jaquette, s'alignaient sur les tables à tréteaux près du stand des pâtisseries, lui-même proche des jouets cassés et du bric-à-brac – lapins, bergères ou chevaux de trait en porcelaine blanche ; chaussures, chatons et chiots en verre ; poupées en costume traditionnel gallois avec leur chapeau noir conique ; maquettes en métal d'avions Spitfire, Hurricane, Lancaster, Flying Fortress et Mosquito, au camouflage vert pour l'armée de terre et taupe pour la marine, dont l'alliage de plomb moulé gris mat était apparent là où la peinture avait été usée ou décollée par le précédent propriétaire ; rangées de petites voitures, pick-up, camions et autobus Dinky Toys. Sans oublier les boîtes de billes, les médailles militaires attachées à un ruban et épinglées sur un coussinet en tissu, les portraits et les ouvrages consacrés à Winston Churchill et à la reine, à la bataille d'Angleterre ou Dunkerque.

La salle était constamment remplie d'une poussière qui tourbillonnait autour de nous en volutes dans la lumière tombant des lucarnes. Une poussière si dense qu'il paraissait inconcevable de pouvoir respirer correctement et qui encombrait les poumons de toute l'assistance. Elle sortait de partout : des piles de pantalons de flanelle sombre, dont beaucoup avaient conservé leur paire de bretelles rayées maintenues par des boutons cousus à l'intérieur, des robes fleuries avec ceinture et passants coupés dans le même tissu, des gaines, des cardigans crochetés, des couvre-théières tricotés, des imperméables et costumes trois pièces, jaunis à la taille à force d'être portés, de ceux qui étaient décédés depuis peu.

La vente de charité débutait à 14 h 15. J'arrivais tôt et prenais place dans la queue sur le parquet qui venait d'être désinfecté. Avant l'heure, c'était la bousculade devant les portes verrouillées. Dès qu'elles s'ouvraient, la cohue se déversait dans la salle comme si un bouchon venait de sauter, courant vers la brocante où les bibelots en verre, les chatons, les petits chiens, les modèles réduits de voitures et d'aéroplanes attendaient patiemment un nouveau maître. Simon m'accompagnait parfois, malgré sa peau bleuâtre, sa toux incessante, ses os saillant sous ses vêtements, et récupérait toutes les maquettes d'avions qu'il trouvait, fouillant avec ses doigts maigres parmi les livres en quête d'une histoire de l'aviation.

Une année – j'étais plus âgé et j'avais retrouvé l'usage de la parole –, j'ai donné un coup de main dans l'une de ces kermesses. Ce jour-là, j'ai servi M. Bubyage par-dessus la table à tréteaux et j'ai eu le plaisir de le laisser prendre tout ce qu'il voulait pour une somme dérisoire. Entre nous sont revenues en un éclair les quelques secondes que nous partagions chaque année, l'allée qu'il avait construite et les pots de miel froids qu'il nous offrait avant Noël. Ses yeux, qui avec l'âge paraissaient s'enfoncer un peu plus dans leurs orbites, ont souri devant cette aberration : c'était un adolescent qui détenait les objets qu'il convoitait et en fixait le prix. Mais il m'a tendu la main, magnanime, contrevenant à la loi de la nature, l'ordre établi qui veut que les adultes exercent l'ascendant sur les enfants, et m'a acheté un costume sombre avec ses bretelles, des chemises sans col et une boîte de sablés au couvercle illustré d'une photo de coracle sur l'eau. Quand il m'a réglé, il m'a de nouveau parlé dans sa langue incompréhensible, avec des sons gutturaux qui donnaient l'impression de se former à l'arrière de sa gorge, sur un ton insistant, penché vers moi dans une attitude qui ressemblait à celle d'un conspirateur.

À dix-huit ans, Simon a décidé de suivre un régime macrobiotique. C'était au début des années quatre-vingt, personne parmi nous n'avait entendu parler de macrobiotique, mais il avait acheté un livre de Herman Aihara, *Basic Macrobiotics,* à la couverture couleur d'algues vertes sur laquelle on pouvait lire :

> « Atteint de maladies incurables à l'âge de dix-huit ans, George Ohsawa a appris l'existence du régime macrobiotique. En appliquant ses principes, il a recouvré la santé. »

Du jour au lendemain, il s'est mis au riz complet, aux algues, au miso, au daikon, au gingembre râpé et aux légumes. Les produits laitiers, le sucre et les œufs sont devenus ses ennemis, la crème glacée, la nourriture du premier cercle de l'Enfer, la viande, l'incarnation du Démon. Il préparait ses plats dans un cuit-vapeur en bambou, refusait de partager les nôtres et nous rappelait inlassablement que :

> « George Ohsawa s'est guéri tout seul. Il souffrait d'insuffisance rénale, d'eczéma et de graves problèmes respiratoires. Comme moi. »

Il n'était plus question pour lui de prendre des antibiotiques. Un jour, son gros orteil, qu'il avait entaillé avec la pédale de son vélo, s'est infecté. Nous l'avons vu devenir progressivement rouge, violacé puis noir. Pour le soigner, il l'a fourré dans un oignon évidé, afin, disait-il, d'« attirer » l'infection, le suc de l'oignon faisant office d'antiseptique. Plusieurs semaines durant, il s'est couché avec un oignon scotché autour de l'orteil, dont l'état a tellement empiré qu'il ressemblait à une caricature digne du Grand-Guignol ou d'un film d'horreur.

Mon père a émis de sérieux avertissements : « Tu risques de le perdre » ou « Il faudra t'amputer si la gangrène s'installe » et même : « On peut mourir de septicémie. » Simon répondait avec constance :

> « Je n'ai plus de défenses. Elles ont été détruites par les antibiotiques et les médicaments que j'ai pris dans mon enfance. La seule façon de renforcer mon système immunitaire, c'est de le reconstituer pour qu'il puisse lutter par lui-même contre les infections. C'est pourquoi j'utilise l'oignon. »

L'orteil a fini par guérir mais l'état général de mon frère est devenu extrêmement précaire. Je voyais que son corps le tourmentait, les cernes noirs sous ses yeux s'agrandissaient, ses côtes étaient apparentes sous sa chemise et les os de son bassin sous le pantalon qu'il perdait en permanence. Le soir, au dîner, il se lançait dans des joutes oratoires avec notre père.

> « Après que la bombe est tombée sur Hiroshima, les gens qui se nourrissaient de soupe miso ont survécu. »
> *Quel paquet de sottises.*

« Leur flore intestinale les a protégés des effets des radiations. »
Tu racontes n'importe quoi. Des conneries dangereuses.

Un silence s'ensuivait, que Simon finissait par rompre en énonçant un autre fait.

« Tu as remarqué que la princesse Diana a des yeux bizarres ? Il y a un liseré blanc entre son iris et sa paupière inférieure. »
Sa cornée ?
« *Sanpaku.* »
De quoi tu parles ? Sanpaku *?*
« On voit à ses yeux qu'elle souffre de *sanpaku* : elle a perdu le contact avec elle-même. »
Perdu le contact avec elle-même ?
« Kennedy l'avait aussi. »
Tu débites tellement d'âneries que c'en est insupportable. Tu es censé avoir fait des études. Ce-qu'on-enseigne-aujourd'hui-dans-les-écoles-et-les-universités-est-une-véritable-catastrophe-pour-la-société.

Un nouveau silence s'installait, puis mon père versait ostensiblement du sel dans son assiette avant de lui proposer de la graisse de bœuf.

Tu veux de la graisse de bœuf ? Je vais en prendre.
« De la graisse de bœuf ? »
Un peu de gras te fera du bien.
« Tu sais à quel point c'est un poison ? Il faut équilibrer le yin et le yang. »
Le ying et quoi ?

Et c'était reparti – l'alimentation transformée en zone de guerre affective, la nourriture, en munitions et la table de cuisine, en champ de bataille.

Au même titre que la viande hachée, les œufs et les oignons crus, la graisse de bœuf était l'aliment préféré de mon père. Il en avait toujours des réserves dans le frigo et l'étalait en couche épaisse sur des tartines de pain complet grillées qu'il salait abondamment. Il enchaînait souvent avec un steak tartare, mélangeant à la fourchette dans un bol de la viande hachée, un jaune d'œuf, de l'oignon cru et du poivre. Le steak tartare et la graisse de bœuf étant aux antipodes du régime macrobiotique, Simon et Hans, qui prenaient leurs repas ensemble, l'un avec de la viande et pas de céréales, l'autre avec des céréales et pas de viande, se querellaient sans fin. Sans compter que mon frère faisait périodiquement des déclarations.

« Je vais acheter un ULM. »

Que tu rangeras où ?

« Dans votre garage. »

Tu ne rangeras pas un ULM dans mon garage, bordel.

« Je l'ai commandé. »

Tu l'as commandé ?

« J'ai versé des arrhes. »

En tout cas, il n'ira pas dans notre garage. Tu n'auras pas mon autorisation. Il n'y a pas la place.

« Il ne restera pas longtemps. »

Pas question.

En dépit des objections paternelles, Simon a remisé plusieurs années son ULM dans le garage de nos parents. Il s'est même débrouillé pour décoller et atterrir dans un champ proche de leur maison. Il s'avéra qu'il pilotait bien son appareil. Il rentrait de ses sorties en plein ciel enivré par la pureté de l'air. « Il n'y a que là-haut que je peux respirer. » Il nous emmenait à tour de rôle sur son pendulaire XL-R noir à aile flexible et moteur Rotax, nous invitait à nous asseoir derrière lui, cramponnés au cadre ou à sa taille. Le minuscule moteur tournait comme une tondeuse à plein régime et l'ULM faisait des bonds surprenants dans le pré que Simon avait auparavant inspecté à la recherche de taupinières et nivelé avec une pelle. Nous nous élancions en rase-mottes le long des clôtures en barbelés dans une pâle imitation des vols commerciaux internationaux avec piste d'envol et tour de contrôle. Nous décollions par paliers en visant le ciel. Simon poussait le trapèze, luttait contre les courants qui soufflaient en rafales, s'élevait de plus en plus haut. Les mains sur la barre, phalanges bloquées, nous nous enfoncions dans des nébulosités d'une étrange texture, légèrement humide, froide sur la peau, de la couleur des zones blanches des radiographies. Je tirais la langue pour goûter (ça a donc cette saveur), puis nous les surplombions, avec à l'horizon la lumière vive du soleil dont les rayons ricochaient à la crête des nuages, et la lune en filigrane à contre-jour. Nous faisions des cercles puis redescendions pour survoler notre enfance – l'hôpital, Pentrosfa, les collines, le lac, nos écoles, le parc, les maisons où nous avions vécu, Castle Hill : un panoptique de souvenirs mis à plat vus du ciel.

Simon tirait sur le trapèze et dirigeait le nez de l'ULM vers le sol. Je voyais la terre monter vers nous. Au dernier moment, il cabrait l'appareil en repoussant le trapèze et se posait sur les pneus de brouette, cahotant sur les taupinières arasées, exactement comme le suggéraient les revues spécialisées, avec le hurlement du moteur dans nos oreilles. Nous descendions, moi soulagé de retrouver le plancher des vaches, lui euphorique, autoritaire, exigeant, bouillant d'adrénaline – un squelette d'un mètre quatre-vingt-huit aux yeux noirs, le moral au beau fixe, qui avait laissé une trace de lui dans les nuées où il rêvait de repartir. « Quelqu'un d'autre veut faire un tour ? » Mon père montait, sanglé à l'arrière. Ils avançaient lentement dans le pré et disparaissaient dans les nuées avant de revenir en bringuebalant et de s'immobiliser près d'une haie. Ensuite, mon frère démontait l'appareil pièce par pièce, pinces et câbles d'acier, et l'entreposait dans le garage. Ma mère était dans tous ses états, partagée entre le plaisir et la peur devant la force de ce fils qu'elle avait sauvé des années plus tôt avec de l'oxygène et des soins, en acceptant de se plier aux exigences qu'il lui transmettait au moyen d'un téléphone à ficelle.

Plus tard, Simon a entraîné mon père dans un rallye d'ULM autour de la Grande-Bretagne. Puis il est parti plus loin, rejoignant le Royaume-Uni depuis l'Espagne en survolant les Pyrénées à l'aide de cartes, avant l'apparition des GPS ; il atterrissait près de stations-service pour se ravitailler en carburant et poursuivre son vol. Il avait emporté un matelas pneumatique en guise d'équipement de sécurité pour parer l'éventualité où son moteur tomberait en panne au-dessus de la Manche et une tente à la place du passager. La nuit, il stationnait dans un champ. Comme il me l'a expliqué :

> « La principale difficulté a été le passage des Pyrénées. J'ai dû trouver le point le moins élevé et viser une trouée entre les cimes. On était en été, mais la neige et les éboulis n'étaient pas très loin car j'étais à plus de trois mille mètres d'altitude. Trouver ma route à la tombée du jour avec les mains gelées exigeait pas mal de concentration. À proximité des sommets, il faut frôler le versant sous le vent des vallées. »

Et puis il a guéri. Le régime qu'il avait suivi pendant des années avait apparemment été efficace. Il lui avait fallu dix ans de stricte observance de la règle macrobiotique. Les textes de George Ohsawa lui avaient permis de se soigner. « Mon système immunitaire est désormais solide. »

Ensuite, il a appris à piloter un hélicoptère, le Robinson R22, le plus petit modèle et le plus fin qui existe ; sa verrière et son tableau de bord sobre lui confèrent une beauté minimaliste. Il m'emmenait voler dans un appareil de location. La sensation de quitter le sol verticalement, de faire du surplace à hauteur des arbres avant de s'élever à des centaines de mètres à la vitesse de trois cent soixante mètres par minute était grisante. J'imaginais qu'on me tirait dans les cieux vers une source secrète. À travers la bulle de plexiglas, je regardais le sol s'éloigner sous mes pieds dans une vision panoramique. La suspension dans l'air, la propulsion verticale me donnaient l'impression d'être un ange. Les hélicoptères traduisent la force symbolique du vol des anges dans l'esprit de leurs concepteurs. Avec la même expression du visage que notre père – bouche déterminée, mâchoires serrées, menton en avant –, mon frère m'avait dit :

> « Je ne prends pas de risques. La marge d'erreur est trop faible sur le R22 pour qu'on puisse le faire. Les pales ont très peu d'inertie. Si elles tournent à moins de 80 % de leur vitesse maximale, elles calent et l'hélicoptère s'écrase. »
>
> Et si le moteur tombe en panne ?
>
> « Le pilote dispose au maximum de 1,6 seconde pour activer la procédure d'urgence. »
>
> Et s'il ne parvient pas à le faire dans ce laps de temps ?
>
> « Un délai supérieur à 1,6 seconde est fatal. »

Il m'avait répondu en riant avec des yeux malicieux tandis qu'un large sourire éclairait son visage.

4.7

Nous nous levons tôt pour aller sur la tombe de mon aïeul dans le cimetière de Weißensee. Mon père a eu une nuit agitée. Il m'a réveillé en me tapotant l'épaule, apeuré, ne sachant plus où il était. Les yeux comme des puits obscurs, épaules voûtées, bras droit tendu vers moi qui dormais à moitié, pas vraiment conscient. Il a fini par se calmer, retourner dans son lit et se rendormir. Toute la nuit, j'ai été tiré du sommeil par ses cris et ses appels, des bruits plus que des mots, d'effrayants borborygmes, des fragments de ténèbres. Lorsqu'il émerge dans la pâle lueur matinale, il est calme et alerte, quoiqu'un peu blême. Avant d'aller au cimetière, il tient à se raser avec du savon à barbe, comme il le fait chaque matin depuis toujours. Il le recommande d'ailleurs à tout le monde : « C'est une excellente façon de démarrer la journée. » Mais, en dépit de ses années de pratique, il ne maîtrise guère la technique, d'abord parce qu'il refuse d'utiliser un autre modèle que son vieux rasoir mécanique très lourd, ensuite parce qu'il se donne des petits coups de lame sur la peau à toute vitesse. Ces deux facteurs cumulés font qu'il se coupe régulièrement. Sa méthode pour stopper les saignements consiste à recouvrir les entailles de lambeaux de papier toilette destinés à faciliter la coagulation, mais ce n'est pas toujours efficace. Car si certains de ces pansements de fortune restent en place et commencent, en séchant, à former une croûte, d'autres dégringolent et se transforment en un sillage de petits buvards souillés. Là où il n'y a plus de papier, les coupures continuent à couler et des gouttelettes tombent de temps à autre sur le sol. L'association de pelures collées, de sang séché et de balafres suintantes est un spectacle auquel notre famille s'est habituée avec le temps, mais il n'est pas commun, que ce soit hors de chez nous ou, ce matin, au Grimm's Hotel.

Nous prenons l'ascenseur jusqu'au rez-de-chaussée et nous installons à une table en verre fumé. Nous nous sommes faits aux chaises vert acide à pieds chromés. Je me dirige vers le fond du hall pour chercher une tasse de café noir à la machine et remplir une assiette de viande froide, tomates, fromage et œufs sur le comptoir qui fait office de buffet de petit déjeuner. Je la pose devant mon père. Il se penche lentement jusqu'à ce que sa tête ne soit plus qu'à une dizaine de centimètres puis il commence à manger avec avidité, très concentré, attentif à l'aspect et à la texture des aliments. Ses mains fébriles serrent si fort le manche des couverts que ses veines deviennent bleu cobalt au niveau des articulations. Entre le moment où il entame son repas et celui où il le termine, il ne dit mot, il n'est là pour personne. L'acte de se nourrir semble l'absorber entièrement. Sans faire de pause, bouchée après bouchée, une fourchetée attendant à ses lèvres qu'il ait avalé la précédente, la bouche toujours pleine, les mandibules en action, mastiquant en continu, transformant la nourriture en une bouillie vitale.

Il divise son assiette en une série de bandes invisibles qu'il nettoie méthodiquement, l'une après l'autre – un processus qui s'apparente à un défrichement à petite échelle. Il progresse de gauche à droite avec détermination, comme s'il accomplissait un rituel millénaire. Sous la lumière crue des plafonniers halogènes, ses chaussures marron cirées sur la moquette orange, seul.

Quand l'assiette est vide, il l'essuie avec un morceau de pain, ainsi qu'il en a l'habitude, se redresse lentement, s'adosse et reprend contact avec le monde extérieur. Impérial, au bord de sa chaise, il entreprend d'émettre des jugements sur les clients qui arrivent pour petit-déjeuner.

Tu as vu la quantité de nourriture qu'elle ingurgite ?

Moins fort, papa.

Tout de même…

Au petit déjeuner, dans un hôtel, c'est ce que font les gens.

Pas étonnant qu'elle trimbale toute cette graisse abdominale.

S'il te plaît, papa, tais-toi.

Regarde-moi ces tissus adipeux…

Hans…

C'est affreux.

Ce n'est pas affreux.

Et dangereux.

Pourquoi dangereux ?
Ils fatiguent son cœur, son foie, ses reins, sa rate, ses surrénales. Voilà pourquoi c'est dangereux.

Je jette un coup d'œil à la femme dont il parle. Pour autant que je puisse en juger, elle est d'une taille et d'un poids normaux. Je lui souris dans l'espoir de compenser l'affront que mon père lui a sans doute infligé car sa table est dangereusement proche de la nôtre. Je recours à cette stratégie depuis que je suis petit et je n'en retire ni fierté ni honte – une partie de moi-même aimerait qu'il gère lui-même les réactions qu'il provoque afin que je n'aie pas à répondre aux regards hostiles. Le sourire que j'adresse aux gens que mon père a froissés me vient facilement aux lèvres car je l'ai adopté de longue date. Il est agaçant, pénible, il me fait mal aux joues. Pour citer un de mes amis, c'est le sourire doux et triste d'un petit con.

Tu sais combien l'obésité coûte à la Sécurité sociale chaque année ?

Le voilà parti dans ses imprécations habituelles contre les personnes en surpoids. C'est une offense qu'il a du mal à pardonner et qui mine, selon lui, la civilisation autant que sa chère Sécurité sociale.

Tu as déjà couru le marathon ?
Non.
Pourquoi ?
Je n'ai jamais voulu.

Cela évite que la graisse s'accumule. À ton âge, je le faisais.
Je sais.
J'en ai fait vingt-deux. Ou vingt-trois. Ou vingt-quatre.
Je m'en souviens.
Jusqu'à quatre-vingt-deux ans, je n'ai pas arrêté.
Chez vous, il y a plein de photos de toi en train de courir.
Ta sœur aussi dispute des marathons.
Je sais.
Elle court vite.
Oui, je sais.
Toi, tu t'empâtes.
Je fais du jogging. De temps en temps.
Du jogging ? De temps en temps ? Pas assez sérieusement, en tout cas.

Je ne réponds plus. Les chamailleries cessent et nous nous taisons. Le silence que nous partageons est à la fois lourd, insupportable et familier. Il me rappelle une fois de plus que je dois me tenir à distance de mon père. Ses reproches incessants empêchent toute intimité entre nous. Le traumatisme qu'il a subi enfant s'est infiltré en lui et, malgré tous mes efforts, je ne peux l'effacer, même provisoirement. Je me demande s'il se sent proche de quelqu'un, tel qu'il est, face à moi, avec ses dégoulinades de sang sur les joues. Quelque chose lui a été dérobé au cours de son voyage en train, qui ne reviendra pas. Ceux qui survivent à ce à quoi il a survécu, s'ils réchappent à la mort de leur vie antérieure, sont néanmoins contraints de la conserver en eux. Il leur revient d'exister avec elle comme point de départ. Pour reprendre les termes de Sebald, ils doivent vivre après « leur propre extinction partielle ». On ne peut comprendre les rescapés tels que mon père qu'en partant de « cette idée complexe que même les survivants de catastrophes collectives sont déjà morts[I] ».

Le point de vue de Sebald m'a permis de saisir qu'une nouvelle vie peut renaître après sa destruction et d'en conclure qu'elle doit s'enfanter elle-même. Par un acte de volonté suprême, mon père s'est reconstruit tout en gardant au tréfonds de lui son « extinction partielle ». Il est devenu son propre parent, s'est reconstitué et s'en est sorti. C'est pour cela qu'il ne regarde jamais en arrière, ne sollicite pas sa mémoire, ne revient pas sur son passé, ne nous régale pas de récits de son enfance, ne parle de rien qui ait un rapport avec l'Allemagne. « L'homme rejeté, poursuit Sebald en référence aux écrits de Hans Erich Nossack, n'osait pas regarder en arrière car derrière lui, il n'y avait que du feu[II]. »

Nous terminons notre petit déjeuner. Je demande au réceptionniste comment on se rend au cimetière juif de Weißensee. Il le repère sur un des plans de l'hôtel, nous refait le coup du rouleau et, avec le même geste large, en dépose un devant nous tel un tapis magique. « Vous louez des vélos ? » lui demande mon père. « Oui, bien sûr », répond-il.

Nous en louons deux et partons vers le nord-est, mon père en tête, *via* Alexanderplatz, la Fernsehturm et de larges artères, sur ce qu'il qualifie « d'excellentes pistes cyclables ». Nous longeons de grands immeubles, des salons de coiffure, des cafés, des magasins de chaussures et d'électroménager. Le trajet en faux plat nous contraint à plusieurs pauses pour reprendre notre souffle, l'occasion pour nous de remarquer la quantité surprenante de coiffeurs-barbiers dans Greifswalder Straße ; les clients qui attendent de se faire couper les cheveux semblent sûrs d'eux – jambes écartées, dos droit, regard direct –, contrairement à ceux qui sont sous les ciseaux, cou renversé sur l'appuie-tête des fauteuils noirs chromés, dans une posture vulnérable.

Nous passons devant des boutiques d'alimentation diététique, des marchands de vélos, des bazars. Mon père fait des efforts, halète. Après Gürtelstraße, Puccinistraße et Herbert-Baum-Straße, nous arrivons au cimetière.

D'une superficie de quarante hectares, contenant plus de cent quinze mille sépultures, c'est le deuxième plus grand cimetière juif d'Europe. À l'entrée, nous posons sur notre tête une kippa noire que nous avons piochée dans une boîte fixée au mur, près du monument à la mémoire des Juifs assassinés dans les camps d'extermination nazis. Mon père lit leurs noms à voix haute et claire, lentement. « Auschwitz-Birkenau-Belzec-Chelmno-Janowska-Majdanek-Sobibor-Treblinka. » Sur une stèle noire, les mots suivants sont gravés en lettres d'or :

« *GEDENKE EWIGER*
WAS UNS GESCHEHEN
GEWIDMET DEM GEDÄCHTNIS
UNSERER ERMORDETEN
BRÜDER UND SCHWESTERN
1933–1945
UND DEN LEBENDEN

DIE DAS VERMÄCHTNIS
DER TOTEN ERFULLEN SOLLEN »

Je lui demande de traduire. Il se concentre.

Souvenez-vous toujours
De ce qui nous est arrivé.
Consacrez-vous à la mémoire
De nos frères et de nos sœurs assassinés
De 1933 à 1945.
Et aux survivants
Qui doivent assumer
L'héritage de leurs morts.

À l'accueil, un grand Juif large d'épaules avec une longue barbe nous tend un plan du cimetière.

Comment va-t-on retrouver la tombe de ton père ?
Il est dans un Urnenfeld.
Un champ d'urnes ?
Exactement.

Nous examinons le plan. Quatre *Urnenfelder* sont indiqués.

Tu sais lequel c'est ?
Ce pourrait être n'importe lequel.
Tu ne sais pas ?
Comment le saurais-je ?
On va devoir tous les parcourir.
On dirait.
Commençons par le premier.

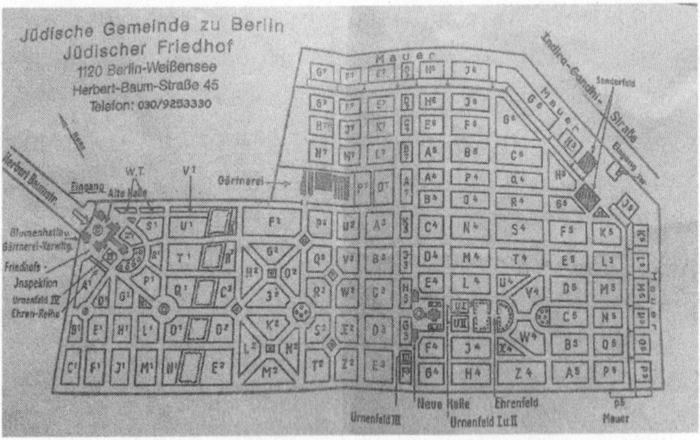

Nous prenons donc la direction de l'*Urnenfeld I.* Le cimetière est vide de visiteurs mais plein à craquer de morts. Des milliers et des milliers de tombes sur lesquelles personne ne se recueille car il n'y a plus de vivants pour le faire. Les défunts ont été abandonnés par ceux qui ont été massacrés. Il y a des arbres partout. Leurs troncs fins, avides de lumière, poussent n'importe où, s'invitent dans les allées, sortent des fosses, jaillissent des murs ; leurs feuilles, en tombant, trouent le dais des frondaisons. Les entrelacs de racines ont fait basculer des pierres sur le côté, en ont lézardé ou brisé d'autres, ont incliné d'énormes mausolées de marbre rouge et noir poli, dont l'ancienne splendeur est aujourd'hui effritée et fanée. Leur affaissement, leur délabrement constituent un mémorial aux restes des disparus plus éloquent que ceux qui sont bien droits, neufs et brillants. La plupart des sépultures sont envahies de lierre et de mauvaises herbes ; souvent, il manque des lettres, en hébreu ou en allemand, ce qui confère à leur occupant un nouveau et étrange patronyme : « -ranke-stei- », « Ba-m », « Co—n », « L-wando-ski », « —unki- », « Sh—ar », « הי-ש », « ל—ירבג ».

Autour de nous, les feuilles volent tels de grands confettis mélancoliques, parsèment le sol de mouchetures. Nous suivons d'étroites allées planes et bien entretenues ou jonchées d'herbes folles entre les pavés et sur les bords. Pendant presque vingt minutes, nous marchons. Le froid fripe le visage de mon père, que sa capuche protège autant que possible. Le cordon de serrage claque sur sa joue.

Grâce au plan, nous finissons par trouver l'*Urnenfeld I*. Il contient une centaine de concessions. Je lis les noms les uns après les autres. Si certains sont bien visibles, la plupart sont dissimulés sous la mousse, ce qui ne facilite pas le déchiffrage. Mon père se tient à l'écart. Il est nerveux, absorbé, se mordille les doigts, se balance d'un pied sur l'autre, s'éloigne, ramasse des feuilles, les déplace, les soulève avec les pieds. Moi, plié en deux, je tends le cou pour lire, plisse les yeux derrière les verres épais de mes lunettes. Au début d'une allée, je tombe sur la stèle de mon grand-père paternel, Walter Lichtenstein. Je suis saisi. Voir son nom gravé en toutes lettres sur la pierre me rend tout à coup transparent : j'ai la tête qui tourne, les jambes qui flageolent. Je dis : « C'est ici. » Mon père me rejoint. À la vue de la sépulture de son père, il se calme. Il semble tout à coup tranquille, et même serein, les jambes dans le prolongement du bassin, le poids du corps réparti sur les plantes de pied, relié à la terre qui le stabilise. Il n'est plus fébrile, ses mains sont loin de la bouche, son corps, immobile. Il se courbe vers le sol, les bras dans le dos. Nous restons là, sans un mot. Je pourrais prendre sa main, passer mon bras dans le sien, mais je m'abstiens. Il n'aimerait pas. Et moi non plus.

La tombe de Walter Lichtenstein est en forme d'urne – obtenue en coulant du ciment dans un moule en caoutchouc – sur laquelle s'est déposée une fine épaisseur de lichen d'un vert-jaune assez clair. Elle est près d'un grand *Königskiefer*, un pin sylvestre, qui la protège de ses longues branches persistantes – ce qui l'a préservée. Des éclats d'écorce, marron ou verts, jonchent le sol. Je donne à mon père deux des cailloux que j'ai apportés dans ma poche.

Je les ai ramassés devant chez toi au pays de Galles.

J'aligne les trois petits sur la tombe de Walter, il pose à côté les deux plus gros. Nous écoutons le bruissement des arbres qui se balancent. L'air caresse notre peau. Il murmure « Nous y sommes », puis « J'espère que tu te sens mieux ». Je réponds : « Oui, en effet, c'est un soulagement. — J'en suis content », ajoute-t-il, éclairé par la grâce. J'aimerais lui demander à haute voix : « Toi, qu'est-ce que tu ressens ? » mais c'est une question trop grossière, violente dans sa simplicité. Elle exigerait de lui une réponse impossible à verbaliser de façon cohérente. Elle exigerait d'être précisée. Quoi qu'il en soit, je n'ose penser à ce qu'il adviendrait s'il tentait de répondre : cela risquerait de craqueler la façade qu'il a mis tant de soin à édifier, qui pourrait s'écrouler et révéler ce qu'il a en lui, la chose qui vit dans ses intestins et son estomac, et qui, si elle apparaissait en pleine lumière, se mettrait à gémir puis le détruirait, lui et ceux qui l'entourent, immédiatement, sans états d'âme. C'est la terreur qu'il transporte au plus profond de lui-même. La chose la plus abominable. Qu'on ne doit pas laisser sortir à l'air libre. Il ne le permettra pas. Nous savons tous qu'elle est là. C'est elle que j'entends pendant ses cauchemars. Que je vois dans ses ongles. Ou dans ses yeux. Elle ne doit pas se montrer à découvert. Il ne le fera pas et je ne le laisserai pas le faire. Sa décision d'emporter ses souffrances dans sa tombe sans les exprimer est un acte de dévotion, une mitzvah.

Je suppose que tu vas t'allonger par terre.

Dans une minute, oui, si cela ne te dérange pas. Je suis désolé que ce soit si bizarre.

Fais-ce-que-tu-veux, mais ne me demande pas de t'imiter. De toute façon, tu-as-toujours-été-bizarre-plus-que-bizarre-même-pour-dire-la-vérité.

Sa remarque ne m'atteint pas. Au contraire, elle me fait sourire. Cette chose qui est en lui, il la contient. *Il m'épargne.*

Je m'étends contre la tombe de mon grand-père, rapidement, sans émotion excessive, même si je me sens oppressé, bloqué à terre. Je dois faire un gros effort pour me redresser, puis je suis obligé de me coucher à nouveau. Lorsque je me remets debout, je chancelle, curieusement, comme si j'étais relié aux fantômes qui tournoient. « Dieu seul sait pourquoi tu fais cela, dit mon père. — Je ne le comprends pas moi-même, réponds-je. — Totalement-aberrant », commente-t-il avant de détourner le regard. J'entoure de mes bras l'urne de Walter Lichtenstein et l'embrasse rapidement ; sa surface rêche râpe mes lèvres, le lichen effleure ma bouche, le ciment est froid. Je ne peux me rapprocher plus de mon grand-père. J'ai bien conscience de ne pas être du tout proche de lui, mais je le suis affectivement. Car cette terre renferme ses restes mortels.

Tu n'étais jamais venu ?
Je te l'ai déjà dit.
Tu n'as pas assisté à ses funérailles ?
Non.
Étrange.
Je ne comprends pas pourquoi ça te fascine autant. C'était mon père, pas le tien.
Je sais. Mais il y a un fossé. Que je ne peux pas franchir. Il a provoqué chez moi…
Provoqué quoi ?
…
Qu'est-ce que tu as ?
…
Vas-y, crache-le.
…

Mais je ne peux pas le cracher. Répondre m'est impossible. La phrase ne peut prendre forme car elle contient les mots *refus-de-vivre-pendant-des-années*, *envie-de-mourir* et *désespéré-par-la-vie-même-si-c'est-ce-que-j'ai-de-plus-beau*. Nous gardons le silence plus longtemps que jamais. Il lève une main vers son visage et se tourne vers moi.

Je veux m'en aller.

Nous partons donc. Nous revenons sur nos pas parmi les tombes et les feuilles tourbillonnantes, par les allées aux bordures affaissées, sur les mauvaises herbes et sous les arbres, refaisant à l'envers notre parcours.

Nous reposons les kippas dans la boîte et enfourchons nos bicyclettes. La route étant en légère pente jusqu'au centre-ville, nous prenons de la vitesse, passons sur le grand plateau et fonçons vers Alexanderplatz en fendant l'air qui se fait plus dense, les mains raidies par le froid, ce qui rend les freinages plus délicats. Les salons de coiffure et les cafés défilent dans une sorte de flou, la descente nous donne de l'énergie, le départ du cimetière nous soulage, nous rend à la vie. Mon père, octogénaire rescapé de la Shoah, me précède, lancé à fond ; dans ses jambes pédalant fiévreusement se mêlent jubilation et chagrin. J'éprouve une soudaine fierté devant sa force incroyable. Pardessus relevé, penché sur le guidon, il se met carrément en position aérodynamique pour que l'air glisse sur son dos au lieu d'être freiné par son buste, se couche sur le cadre, pose le menton dessus. Je n'en reviens pas : il fait la course avec moi. Nous doublons des voitures, franchissons des carrefours en rebondissant sur les rails des tramways, filons devant les piétons qui rentrent chez eux ou en sortent, les jeunes couples aux doigts entrelacés, les personnes âgées tirant leur caddie, les gens empêtrés avec leur trousseau de clés ou fumant aux terrasses des cafés. Nous nous faufilons le long des trottoirs, entre les voitures à l'arrêt, les feux qui passent au rouge. Nous remontons une rue à contresens, des gens nous interpellent comme si nous étions fous.

Nous nous arrêtons dans la zone piétonne d'Alexanderplatz et nous adossons à nos selles. Cramponné à son vélo, mon père reprend son souffle, plié en deux. « Ah, ça m'a plu », dit-il d'une voix rauque, avec sa poitrine qui se soulève par saccades, sur les pavés de ciment, non loin de la Fernsehturm. « Il y a dans le fait de pédaler quelque chose qui me met toujours en joie. » Nous sommes à côté d'un café dont l'auvent en tissu rouge prétend « imiter une tente bédouine » au-dessus de bancs en lattes de bois inoccupés parce qu'il fait beaucoup trop froid pour s'asseoir dehors. On est ici aux antipodes du désert. Dans les boutiques environnantes, l'éclat des néons est atténué par les vitres lisses des devantures.

Nous mettons cap à l'ouest en poussant nos bicyclettes. Mon père a une forme physique presque anormale pour son âge ; corps svelte et musclé, tête rentrée dans les épaules, dos rond, menton en avant. « Faire du vélo me rappelle mon enfance », lance-t-il à la cantonade. Un manège très décoré tourne lentement, à vide pour le moment. Son propriétaire porte une veste brodée dans le dos : « Carrousel vénitien, Horst Langenberg, Bertazzon, Italie ».

Nous avançons vers la fontaine de Neptune. « Elle a été déplacée, constate mon père. Autrefois, elle était dans les jardins Stadtschloss. » Elle voisine maintenant avec l'église Sainte-Marie, la Fernsehturm et le Rotes Rathaus, l'hôtel de ville en briques rouges. Neptune, trident sur l'épaule, est soulevé par des centaures à pieds palmés et entouré de *putti* espiègles. Dans le bassin, une tortue de mer, un serpent, un phoque et un crocodile crachent de l'eau. Des statues de femmes assises en bronze, toutes différentes, ornent le bol de la fontaine. Nous observons les éclaboussures des cascades qui créent par un effet de prisme de minuscules arcs-en-ciel insaisissables.

Je relève la tête. Mon père est immobile. Ses yeux, d'un bleu plus farouche, regardent profondément en lui-même. Sa présence sur cette place est contraire à l'ordre des choses, elle va à l'encontre du cours de l'histoire. Elle me rappelle ce que j'ai toujours su : que notre passage sur terre, le sien comme le mien, s'achèvera bientôt, que la fontaine et ce qui l'entoure, les édifices, les rues, la Fernsehturm et les pavés, disparaîtront ainsi qu'ils sont destinés à le faire. Et que partager cette minute d'une intensité particulière, y être associé alors qu'elle nous enveloppe dans sa bonté, est une victoire, un privilège. Et que cela doit suffire.

4.8

Ma sœur Jane m'a téléphoné pour me l'annoncer. Ensuite, je me suis allongé face contre terre dans ma cuisine, écrasé par un poids énorme. J'ai appelé mes parents. J'ai d'abord parlé à mon père, puis je lui ai demandé de passer l'appareil à ma mère. Je lui ai dit et c'est ce jour-là que je l'ai entendue crier une seconde fois.

Simon volait avec son ami Martin. Tous deux étaient des pilotes aguerris. En rentrant d'Italie au Royaume-Uni à bord d'un Robinson 22, ils s'étaient écrasés à une trentaine de kilomètres au nord-ouest de Nice, non loin de Tourrettes-sur-Loup. L'enquête a établi qu'une rafale avait couché l'hélicoptère sur le côté et que Martin, qui était aux commandes, avait surcorrigé en inclinant trop l'appareil dans l'autre sens, si bien qu'une des pales avait coupé la partie gauche de la cabine et un pied du train d'atterrissage. L'extrémité sectionnée de la pale fut retrouvée des semaines plus tard, à quatre cents mètres du lieu de l'accident. Gérer une avarie mécanique est possible mais, dès qu'une pale est endommagée, l'hélicoptère perd plus de 80 % de sa force ascensionnelle et tombe en piqué tandis que le pilote et son passager regardent venir la mort. L'hélicoptère s'était abîmé au-dessus d'une zone boisée dans un vallon escarpé par une claire journée d'hiver. Ils avaient été éjectés par la verrière et étaient morts sur le coup. Au début, tout ce que nous avons pu faire, c'était tenir jusqu'à la minute suivante car le chagrin rétrécit le futur, le contracte, le réduit à néant.

Selon la conclusion du rapport, ils n'auraient jamais dû voler dans ces conditions. Dans un article paru dans la revue spécialisée *Rotor Torque* sous le titre « Pourquoi Martin et Simon sont morts », Richard Mornington-Sanford écrivit :

> « Comme la plupart des accidents, celui-ci aurait pu être évité au sol, avant le décollage, car la décision de prendre le départ n'était pas raisonnable. Par conséquent, sa cause est à rechercher parmi les "facteurs humains", notamment ce qu'on appelle le "syndrome du retour au foyer" (que le rapport français a nommé "la destination cible"). C'est l'explication la plus fréquente des accidents d'hélicoptères. »

Dévastés par le chagrin, mes parents étaient pliés en deux de douleur, le visage creusé et marqué. Simon vivait à côté de chez eux, c'était lui qui les voyait le plus souvent, qui était le plus proche d'eux. J'ai commencé à comprendre à ce moment-là ce qu'était le deuil car il est entré en moi, s'y est installé, a pris toute la place et ne m'a plus lâché. Il avait une présence physique. Il me rongeait, ankylosait mon bassin, paralysait mes doigts d'arthrite. Pendant un temps, il a gâché toute joie et l'a remplacée par une boue poisseuse. Ceux qui l'ont vécu le savent : le deuil modifie totalement la perception du monde. C'est un épuisement, un pilonnage, une course folle du cœur, une cataracte de l'esprit.

Dès que j'ai pu, je suis allé voir mes parents après une courte halte chez mon frère. J'ai retiré mes chaussures, enfilé ses derbys marron cirés et je suis monté dans son vieux break Audi vert bouteille. Le siège en cuir était reculé au maximum et le volant abaissé, tels qu'il les avait laissés. J'ai avancé le siège pour passer de sa position de conduite à la mienne et j'ai roulé dans les Marches galloises vers les collines du pays de Galles.

4.9

Nous quittons Alexanderplatz en poussant nos vélos dans Spandauer Straße, passons devant le Berlin Dungeon – « *mit kombitickets bis zu 50 % sparen*[1] » –, la pharmacie Hackesches Quartier, la boulangerie Steinecke, les magasins MUJI, Moleskine et IQOS, jusqu'à un café à l'immense devanture et aux portes en bois : le Hackescher Hof.

L'intérieur semble n'avoir pas changé depuis son ouverture en 1906. Les murs sont lambrissés, le plafond en stuc est orné d'élégantes corniches et éclairé de dizaines d'ampoules disposées selon un motif géométrique.

1. « Jusqu'à 50 % de réduction avec des billets de groupe ».

Les chaises sont en bois et les tables carrées ont un pied colonne sur une base de la même forme. L'un des murs est couvert de photographies en noir et blanc. Celles du bas montrent le café au début du siècle, avec ses nombreux clients lisant le journal, buvant et se restaurant, ou se détendant dans des fauteuils. Au milieu, on voit le Hackescher Hof pendant la Seconde Guerre mondiale, à l'abandon et vidé de son contenu, puis durant les années cinquante, quand il fut transformé en magasin, dans les années soixante, où il devint un garage et un parking pour les Trabant, et dans les années soixante-dix, où il fut muré et vandalisé. Au-dessus, les clichés témoignent de sa restauration dans les années quatre-vingt-dix et, tout en haut, de l'époque actuelle, avec à nouveau des clients qui se délassent en buvant un café, en mangeant des gâteaux. Un siècle d'histoire sur un mur.

C'est plus ou moins ce dont je me souvenais.
Tu venais quand tu étais petit ?
Oui.
Tu aimais les cafés ?
Comme mon père, ma mère, mes oncles, mes grands-parents.

Nous nous installons près de la vitrine, côté rue. Un serveur s'approche. Mon père commande des œufs brouillés, de la truite et du saumon fumés, du pain de seigle et « *ein Kaffee schwarz* ». Le serveur se tourne vers moi, stylo levé.

La même chose, s'il vous plaît.
Je croyais que tu étais végétarien.
Je mange du poisson à l'occasion.
Donc tu ne l'es pas.
Je le suis pour l'essentiel.
On l'est ou on ne l'est pas.
Tu sais, je me suis toujours demandé…
Quoi ?
Comment il était.
Qui ?
Ton grand-père. Mon arrière-grand-père.
C'était il y a longtemps.
Il était orthodoxe ?
Réformé.

Je le regarde. Il s'est installé confortablement et commence à se détendre après le froid du cimetière.

Il est mort où ?
Dans notre appartement.

Comment ?

Pendu.

Où ?

À la fenêtre de la salle de bains.

Qui l'a trouvé ?

Ma grand-mère.

Toi, tu étais où ?

Avec des copains.

Qu'est-ce qui s'était passé ?

Il s'était fait rouer de coups chez lui, à Rotenburg an der Fulda. Le soir même, il était venu vivre avec nous à Berlin. Avec ma grand-mère.

Il hésite soudain – une imperceptible pause, un infime accroc dans le tissu. Il baisse la voix, regarde la table.

Après son arrivée, il n'a plus adressé la parole à personne.

...

Sauf à moi.

....

Puis j'ai arrêté de lui parler.

Il pose sa main gauche sur sa bouche.

Ma mère me demandait sans cesse d'aller le voir dans sa chambre.

Commence à ronger l'ongle de son majeur.

Je n'en avais pas envie.

Puis l'ongle de son index.

Ça a duré un certain temps.

Il grignote l'ongle de l'annulaire.

Il ne sortait pas de sa chambre.

Regard vide.

Et ensuite...

Yeux baissés.

Depuis ce jour-là, je me sens coupable.

Je le regarde.

Très coupable.
...
Si tu veux savoir.
Tu ne devrais pas.
Je fais ce que je veux.
Tu étais enfant. Il n'y a pas de mauvaise conscience à avoir. C'est une émotion inutile. Tu ne devrais pas te sentir coupable.

Il relève le front. Retire sa main de devant sa bouche. Me lance un regard appuyé. Ses yeux vont fouiller loin en lui avant de darder sur moi leur rayon perçant.

Le problème avec toi…
C'est quoi le problème avec moi ?
Le problème avec toi, c'est que…
Quoi ?
Tu es un petit con de cul-bénit.

Son insulte me blesse. Et tout à coup, le Hackescher Hof devient très animé. Mon arrière-grand-père est allongé près de la fenêtre, son nœud coulant autour du cou. Il porte une Croix de fer, deuxième classe. Walter fait son entrée et se plante à côté de moi. Mon siège se réchauffe. Les chaises et les tables dégagent de la chaleur, qui danse au-dessus de leur surface. L'air est brûlant. Tous les morts que je connais me tournent autour. Je quitte mon enveloppe corporelle et me contemple du plafond. Et je les vois. Tous ceux qui se sont un jour assis dans ce café : les amants clandestins, les hommes d'affaires, les familles avec leurs enfants, les hipsters, les fascistes, les communistes, les informateurs de la Stasi, Bertolt Brecht et Helene Weigel, Walter Benjamin et Caspar Neher penchés sur une assiette de poisson fumé et de pain de seigle, discutant du *Verfremdungseffekt*[1], les clients prenant leur petit déjeuner avec des cafetières en argent, grignotant des petits fours l'après-midi, attablés, cigare à la main, à d'interminables déjeuners ou dînant *mit Fleisch*[2] et avec des plateaux d'huîtres, dont les coquilles gris argent s'empilent jusqu'aux corniches. Ils se pressent dans

1. « L'aliénation. »
2. « Avec de la viande. »

la salle en manteau de fourrure, en uniforme de policier, avec leur svastika, leur costume d'Allemagne de l'Est, leurs tatouages et leurs percings, leur kippa, leur perruque. Ils combinent le *Tres de mayo de 1808* de Goya et différentes versions du personnage de *La Fille du policier* de Paula Rego. Je redescends du plafond. Mon corps vibre.

Le suicide...
Oui ?
C'est héréditaire ?
Héréditaire ?
Il se transmet génétiquement à ton avis ?
Non.
J'ai mal dormi durant plusieurs années car je pensais que je n'y couperais pas. Qu'il était dans mes gènes. Que c'était obligé.
Le suicide ?
Oui.
Obligé ? De quoi tu parles ?
Vu qu'il saute une génération, et puisque je suis l'aîné, ça me retombait dessus, inévitablement. Et j'ai le même deuxième prénom que Walter.
Cela n'a rien à voir avec les gènes ou les prénoms.
Je n'en suis pas si sûr.
Mon grand-père s'est fait tabasser et a été expulsé de son domicile. Il avait servi dans l'infanterie allemande pendant la Première Guerre mondiale. Je te l'ai déjà dit, il avait été décoré de la Croix de fer, deuxième classe. Les commerces de mon père ont été mis à sac. Ses voisins ne lui parlaient plus. On refusait de le servir dans les magasins. La génétique n'a rien à voir là-dedans.

Les assiettes d'œufs brouillés et de poissons fumés arrivent, chacune avec un petit pot de raifort, deux tranches de concombre et de citron, le tout parsemé de cébette ciselée. Le goût piquant du raifort se répand dans mon arrière-gorge et mon nez ; cette brûlure tombe à point, me reconnecte à mon corps. Je savoure l'association des deux poissons. Je tâte la texture dense du pain aux graines noires. Je regarde le motif de la tranche de citron au bord de l'assiette. Ma poitrine se serre. Mon cou se raidit. Mon estomac se contracte. Nous avons en ce moment la conversation qui nous a manqué toute notre vie. Jusqu'à aujourd'hui, nous n'en étions pas capables. Faire remonter à la surface ces pensées ancrées en nous était trop difficile. Nos corps ne permettaient pas qu'elles soient formulées. Il nous était intolérable qu'elles cessent.

Tu t'es installé au pays de Galles pour échapper à tout cela ?

Oui.

Tu fréquentais la synagogue quand tu étais petit ?

Jusqu'au suicide de mon père. Plus jamais ensuite.

Tu fêtais Pessa'h, Hanoukka et Yom Kippour ?

Du vivant de mon père.

Donc tu as répondu aux quatre questions de Pessa'h parce que tu étais le plus jeune mâle de la maisonnée ?

Ma Nishtanah *?*

Oui.

J'ai répondu à Ma Nishtanah.

Il pose son regard sur moi. Je prends une tranche de citron dans mon assiette et la place sur un coin de la table. Je compte les onze segments. J'observe la couleur qui évolue peu à peu du jaune au blanc en allant vers le centre, l'écorce qui s'amollit et devient une peau blanche. Je remarque que deux pépins ont été tranchés par un couteau aiguisé, que la pulpe brillante contraste avec le noir de la table et du rebord en bois. Je sors mon téléphone et la photographie.

Nom-d'un-chien-est-ce-que-tu-vas-arrêter-un-jour-de-jouer-avec-la-nourriture-elle-est-faite-pour-être-mangée-tu-n'es-plus-un-gamin-merde-on-dirait-un-mioche-de-dix-ans-tu-vas-me-rendre-cinglé-avec-ce-bon-Dieu-de-téléphone-si-tu-continues.

Je lève les yeux et je vois devant moi un homme si courageux que j'en ai le souffle coupé. Parler de ce qu'il a vécu est presque insupportable, sans compter ce avec quoi il doit vivre. La mort de mon frère m'a donné un aperçu de l'effet paralysant du deuil. Je regarde les petites plaques de protection hexagonales vissées au pied des tables. Qu'est-ce que je sais de tout cela ? Il a vu le fond de l'abîme et sauté suffisamment haut pour retomber de l'autre côté, sur la terre ferme.

> *Toute ma vie, je t'ai regardé gâcher la tienne. Si j'avais démarré avec ce que tu as eu au départ…*
> Je n'ai pas connu d'autres Juifs.
> *Tu as connu M. Bubyage.*
> Il était juif ?
> *D'après toi, pourquoi il nous apportait du miel à Hanoukka ? Pourquoi il marmonnait toujours des phrases en yiddish ?*

La salle presque vide se remplit à nouveau, à m'en donner la migraine, d'anciens habitants que j'imagine plongés dans la lecture des *Nürnberger Gesetze*[1]. M. Bubyage est là aussi ; saupoudré de sa foutue poussière de ciment, il scrute son exemplaire avec ses petits yeux en tête d'épingle tout en poussant son vélo. Assis en face de moi, il salue d'un coup de chapeau notre serveur mutique. J'aimerais que mon cerveau arrête de déborder, de déverser cette avalanche incontrôlable d'images de ceux qui sont morts ou ont été assassinés, avec leurs plaisanteries et bavardages irrésistibles, leurs espoirs contagieux, leurs tenues aguichantes, leurs yeux sombres débordant d'amour ; ils se courtisent dans les fauteuils et sous les tables, dans leurs dentelles et leurs lainages. Eu égard à la gravité de la situation, leur comportement est très inconvenant. Leurs poitrines se soulèvent.

---

1. « Lois de Nuremberg ».

Le serveur arrive. Il était sur une chaise, dans un coin. Je suppose qu'il nous écoutait car, chaque fois que je croisais son regard, il me semblait qu'il fixait notre table. À moins qu'il soit simplement un excellent serveur, quoique silencieux. Nous recommandons des cafés.

Ta mère a survécu comment ?
Elle avait entendu dire qu'un groupe d'avocats s'était spécialisé dans des plaidoiries fallacieuses destinées à aider les Juifs à être reclassifiés en aryens.
Sur quel motif ?
Sa mère, Wyla, devait témoigner au tribunal qu'elle avait eu une relation avec un chrétien, ce qui prouvait que Ruth était une enfant illégitime, et donc métisse – une Mischling.
C'est ce qui s'est produit ?
Ma grand-mère a affirmé qu'elle avait eu une liaison avec un médecin chrétien et que ma mère était la fille de cet homme, le fruit de leur amour.
Elle l'a déclaré sous serment ?
Oui.
Et le médecin ?
Aussi.
Un Allemand chrétien ?
Oui.
Comment s'appelait-il ?
Je ne sais pas. Il a sauvé la vie de ma mère.
On devrait le retrouver. Il devait être courageux.
Tu as raison.
Ta grand-mère n'était pas juive ?

Elle s'était convertie au judaïsme pour épouser mon grand-père.

C'est donc grâce à un mensonge qu'elles ont été épargnées ?

Cela s'est beaucoup fait en Allemagne. Plus de cent mille Juifs ont été sauvés ainsi. Ma mère en a fait partie. Elle a pu retirer son étoile jaune dans la salle d'audience.

Les lois nazies sur les *Mischlinge* l'ont sauvée ?

Les lois sur les Mischlinge *ont sauvé ma mère.*

Le café nous est servi sur un plateau rond avec du lait chaud dans un lourd pot en argent. J'en verse un peu, mélange avec ma cuiller, monte la tasse à mes lèvres ; l'amertume familière est un baume qui me remet d'aplomb. Le silence s'installe entre nous. L'histoire a été révélée au Hackescher Hof.

Une femme s'assied à la table voisine. Elle lit une revue de mode avec la même concentration que s'il s'agissait d'un texte philosophique ardu, elle se penche sur les pages avec délice, les tourne joyeusement. Habillée tout en noir – pantalon fluide, haut en soie et manteau à broderies en appliqué –, elle a de longs cheveux gris, de grosses bagues en argent à chaque doigt et les épaules drapées d'une étole grise. Son compagnon s'avance, un homme au physique irréprochable, entièrement vêtu d'une tenue de cycliste en lycra noir et coiffé d'un casque rouge métallisé attaché sous le menton. Ses pieds cliquettent sur le sol à cause des chaussures à picots qui l'obligent à marcher en relevant les orteils ; l'excès de lycra fait briller ses jambes. La femme lève les yeux de son magazine et lui demande de commander pour elle un *caffè latte*. L'homme luisant, au corps sans graisse et équipé pour le départ du Tour de France, retraverse la salle en direction du comptoir.

Juste pour que tu saches, mon histoire n'en est pas une. À l'échelle des souffrances d'autres familles, elle ne compte pas. J'ai eu de la chance. Ma mère aussi. En tant que famille, nous avons été très, très chanceux.
Je sais.
Mes cousins et petits-cousins à Auschwitz-Birkenau et Theresienstadt. Mon grand-père et mon père, suicidés. Mais Toni s'est enfuie et ma mère a survécu.

Le cycliste revient avec deux cafés au lait dans de grandes tasses en verre sur un petit plateau d'argent. Sa démarche est un savant exercice d'équilibre car ses chaussures modifient sa posture et l'obligent à avancer légèrement incliné en arrière. On dirait qu'il mime une progression contre un vent soutenu, parfaitement régulier, qui soufflerait en silence dans la salle et uniquement sur lui. Il parvient malgré tout à conserver le plateau horizontal et la mousse blanche au-dessus du café parfaitement plane dans les verres. Je me dis qu'il a peut-être suivi des cours à l'école Jacques-Lecoq.

Je suppose que tu vas consigner tout cela par écrit ?
Je le ferai plus tard.
L'oncle de ma mère travaillait à l'hôpital de Friedrichshain. Chirurgien. Moritz.
Ah bon ?

Grand ami d'Einstein. Ils jouaient dans un quatuor à cordes et faisaient de la voile sur le lac de Wannsee. Einstein a écrit son éloge funèbre.

Il porte sa tasse à ses lèvres.

Tu ne le savais pas, n'est-ce pas ?
Bien sûr que non, je ne le savais pas.
J'avais un copain que j'aimais beaucoup. Heinz Peter.
Et ?
Il s'est enfui en France.
Et ?
Auschwitz.
Quand es-tu revenu à Berlin ?
En 1950.
Tu as revu ta mère ?
Elle vivait à l'Est. Elle était communiste et voulait y rester. Bien sûr, elle souhaitait que je rentre en Allemagne. Mais je lui ai dit que, désormais, j'étais anglais.
Ça a dû être dur.
Pas pour moi.
Mais pour elle ?
Qu'est-ce que tu crois ?
Et après ?
Je suis reparti en Angleterre.
La fois suivante, c'était en quelle année ?
En 1957.
Donc, après ton départ en *Kindertransport*, tu ne l'as vue qu'une fois entre 1939 et 1957.
Oui.
En dix-huit ans.

Il rappelle notre serveur, lui demande la carte et choisit un dessert à toute vitesse. « *Ein Crème brûlée mit Passionfrucht und belgischer Schokolade*[1]. » Nous le mangeons rapidement (« délicieux »). La discussion est close.

En sortant du Hackescher Hof, puisque nous avons le ventre plein, que nous avons mangé du poisson fumé et une crème brûlée et que nous nous sommes parlé plus que nous ne l'avions jamais fait, nous marchons à côté de nos bicyclettes sur le large trottoir d'Oranienburger Straße devant les ruines reconstruites de la Neue Synagoge, aux façades de briques crème et rouges et à la spectaculaire coupole de verre et d'or récemment restaurée (« pas celle de mon père »). Nous prenons Tucholskystraße à gauche, Schiffbauerdamm à droite, laissons le Berliner Ensemble de Brecht sur notre droite, longeons la Sprée, franchissons le pont à la hauteur de Luisentsraße, et obliquons à droite dans Hannah-Arendt-Straße vers le Mémorial aux Juifs assassinés d'Europe.

Nous accrochons nos vélos. Des jeunes jouent à cache-cache au milieu des blocs de béton gris mais cela ne gêne pas mon père. Nous passons devant eux pour entrer dans le mémorial. À la périphérie, les stèles sont basses, pas vraiment sinistres, presque engageantes, mais en allant vers le centre, et sans qu'on s'y attende, le sol s'affaisse peu à peu, se dérobe sous nos pieds. Les pavés inégaux rendent

1. « Une crème brûlée aux fruits de la passion et au chocolat belge. »

le cheminement pénible. Les blocs se dressent de plus en plus haut, nous surplombent brusquement, éclipsent la lumière en même temps qu'on s'enfonce à l'intérieur et que la terre ondule. Il est difficile, puis impossible, de regarder en arrière le monde extérieur. Les deux mille sept cent onze stèles ressemblent à des dolmens ; elles sont disposées en rangs qui donnent l'illusion d'être alignés mais ne le sont pas en réalité si on les examine attentivement. Elles sont espacées de façon irrégulière. Soudain, je ne vois plus rien au-delà du site de deux hectares et je sens à nouveau le poids qui m'accable. Je suis seul, séparé de mon père. Au loin, j'aperçois brièvement des visiteurs entre deux blocs mais leurs silhouettes fugaces s'évanouissent aussitôt. Je suis coupé de la ville et de sa rumeur. Ce monument a été édifié sur l'emplacement des bâtiments d'Albert Speer, l'un des quartiers généraux du IIIe Reich, qui furent démolis par les autorités de Berlin-Est. Je m'allonge sur le sol de leurs fondations. Le poids qui m'oppresse est énorme. Les mots de Jean Améry flottent vers moi :

> « Car il n'y a pas de "banalité du mal" ; Hannah Arendt, qui traitait de cela dans son livre sur Eichmann, ne connaissait l'ennemi de l'homme que par ouï-dire, ne le voyait que dans sa cage de verre. Là où un événement nous défie à l'extrême, on n'est plus en droit de parler de banalité[III]. [...] Et soudain, j'ai senti… *le premier coup*[IV]. »

Les visiteurs suivent tous un itinéraire différent. Il n'y a pas de parcours préétabli mais, au bout du compte, l'effet est toujours identique : un sentiment brutal d'isolement et de solitude. Je me relève et me dirige vers la sortie. C'est alors que je vois mon père marcher entre les stèles, c'est alors que je l'appelle, c'est alors qu'il se tourne vers moi, et c'est alors que je prends cette photo de lui.

4.10

Notre chat s'appelait M. Marmelade, nom que lui avait trouvé ma sœur Jane. Il vivait avec nous à Cae Hyfrydd, dans Pentrosfa. C'était un animal svelte et caractériel dont je m'approchais peu car, lorsque je le caressais, il lui arrivait de prendre mon bras entre ses pattes avant et de me griffer au sang avec ses pattes arrière. Il nous avait été offert par un agriculteur, ce qui explique peut-être pourquoi il aimait se battre et n'était pas particulièrement sociable. La plupart du temps, il s'allongeait sur une chaise ou devant la fenêtre du séjour pour observer ce qui se passait dehors. Parfois, il miaulait pour qu'on le nourrisse, mais, tout bien considéré, il était assez antipathique. Un jour, il disparut. Nous étions très inquiets. Ma mère réalisa une petite affiche, intitulée « Chat perdu », avec un dessin et sa description, et l'accrocha à notre portail.

Quelques jours plus tard, il réapparut à la porte de la cuisine, efflanqué, à bout de forces, une patte arrière en moins. Au cours du dîner, mon père nous déclara qu'il avait dû se faire prendre dans un piège à mâchoires, engin effrayant, alors interdit, qui se referme sur le membre de l'animal et dont il ne peut se libérer. Selon lui, il avait dû s'amputer pour s'en dégager « car l'instinct de survie est très puissant ». Nous frissonnâmes en imaginant M. Marmelade rongeant sa patte et, toute notre enfance, nous eûmes des discussions pour savoir si nous serions capables de sectionner une de nos jambes à coups de dents dans l'hypothèse où, à notre tour, nous tomberions dans un de ces pièges ou serions confrontés à une situation mettant notre vie en péril. Malgré son extrême faiblesse, M. Marmelade se rétablit et adopta, par la force des choses, une démarche étrange : il se servait normalement de ses pattes antérieures, puis effectuait un petit bond avec son unique patte postérieure ; le moignon de celle qu'il avait auto-cannibalisée était nettement visible. Les jours de neige, on pouvait suivre sur le sol le motif caractéristique de ses empreintes mais il se déplaçait sans difficulté apparente. Ensuite, il délaissa notre maison au profit de celle du voisin, qui le nourrissait de crème et autres produits frais, ce qui chagrina beaucoup ma sœur, mais pas moi. Ce chat avait un côté insensible et hostile et, malgré le respect que j'éprouvais pour le courage indéniable dont il avait fait preuve, je n'étais pas mécontent d'en être débarrassé.

5.1

Au petit déjeuner, mon père se penche vers moi et dit :

J'ai réfléchi.

À quoi ?

Je veux refaire le dernier trajet de mon père. Aller à notre ancien appartement, puis à Bernau bei Berlin. C'est là qu'il a mis fin à ses jours. Il s'est pendu dans un hôtel. Près d'Obersee bei Lanke.

Nous empruntons Leipziger Straße jusqu'au Tiergarten, suivons ses allées sinueuses, passons devant les statues et l'Englischer Garten, ressortons près des immeubles en béton, longeons la station Bellevue, franchissons le pont et atteignons l'appartement. Nous touchons la poignée de la porte d'entrée, puis nous tournons vers Helgoländer Ufer et la Sprée. La salle de bains où Siegfried, le grand-père de mon père, s'est suicidé est juste au-dessus de nous. Nous traversons la rue, nous accoudons au garde-corps qui surplombe la rivière, contemplons les arbustes et les arbres sur l'autre rive avec, à notre droite, un patchwork d'immeubles et de petits hôtels, certains récents en acier et en verre, d'autres plus anciens recouverts de crépi peint. Mon père se ronge les ongles, tend le cou en avant, serre les mâchoires, s'agrippe à la rambarde des deux mains.

Nous repartons en silence par le pont Moabiter Brücke, devant les statues des ours, puis le café qui sert des *Baumkuchen*. Des cyclistes nous doublent lentement, des piétons portant des sacs à dos. Il y a peu de circulation dans le quartier de Mitte à cette heure de la journée. À la station Bellevue, mon père s'arrête devant l'étal de fleurs.

> *Mon père allait à son usine en voiture.*
> Elle était où ?
> *Je l'ignore.*
> Vous aviez une voiture ?
> *Je veux aller en taxi à Alexanderplatz.*

Nous en hélons un, qui prend la Straße des 17. Juni après les grilles du Tiergarten et la Goldelse.

> *Un matin, j'ai entendu mes parents se disputer violemment. Le soir, mon père n'est pas rentré à la maison. Ma mère a téléphoné à l'usine. On lui a répondu qu'il était reparti presque tout de suite. Comme il était tard, elle a prévenu la police. Il s'était sans doute garé à Alexanderplatz parce que c'est là que sa voiture a été retrouvée le lendemain. Ensuite, il avait dû prendre un train pour Bernau bei Berlin. Et se rendre par un moyen quelconque à Obersee bei Lanke.*

À Alexanderplatz, nous pénétrons dans la station. Sur le quai n° 11, nous montons dans le *S-Bahn* qui dessert Bernau bei Berlin. Il roule sous terre avant de ressortir en surface dans les faubourgs de la ville. Divers chantiers s'étalent sur plusieurs hectares : des voies sont posées, des ponts construits, des routes redessinées, des bâtiments démolis. Nous approchons de la périphérie. Les barres d'immeubles à toits de tuiles des années cinquante sont remplacées par des jardins ouvriers ; presque tous ont un cabanon et une pergola, certains avec des carrés de potagers et une herbe rase, d'autres à l'état sauvage, enfouis sous la végétation. Nous longeons des bâtiments ferroviaires en briques désaffectés, d'anciennes voies de chemin de fer colonisées par les arbres, deux dépôts circulaires où l'on faisait pivoter les locomotives à vapeur car elles n'avançaient que dans un sens. Nous sommes dans l'ancienne RDA.

Évidemment, ce n'est pas tout à fait le trajet que mon père a effectué.

À Pankow, où nous devons prendre une correspondance, nous empruntons un souterrain pour changer de quai. Dans le wagon, nous sommes assis en face d'un couple âgé qui part se promener à la campagne – chaussettes épaisses et brodequins en cuir. Un autre couple, jeune, bras tatoués, se conte fleurette – dents blanches étincelantes, fous rires. Deux adolescents aux cheveux longs portent leur skateboard tapissé d'autocollants. Sans que je sache pourquoi, cette réplique approximative du dernier voyage que mon grand-père Walter aurait accompli pour quitter Berlin me réconforte. L'air est pur. Je suis en paix. Je n'ai plus mal à l'estomac. J'imagine qu'une fois sa décision prise, il a dû se sentir apaisé. Mon ami Mark, qui s'est suicidé à dix-neuf ans, paraissait rétrospectivement particulièrement heureux au cours des semaines qui ont précédé sa mort. J'ai un souvenir très précis de la dernière fois qu'il m'a dit au revoir, avec un large sourire et ses yeux noirs qui brillaient ; il semblait serein en agitant la main devant les colonnes en fonte peintes en crème du magasin Grosvenor Stores, dans le quartier de Ridgebourne à Llandrindod. À partir du moment où l'on sait qu'on n'a plus longtemps à se battre, il se peut qu'on se détende, dans une certaine mesure. Le grand apaisement est proche. Mais peut-être que non. L'épouvante est peut-être présente de bout en bout.

Le train s'arrête à Bernau bei Berlin, le terminus de la ligne. Nous sortons de la gare et parcourons le centre-ville jusqu'au parc municipal.

> *On avait l'habitude de pique-niquer ici. On faisait le tour du parc. Toni et moi.*

Le Stadtpark est entouré de remparts médiévaux, avec deux hautes tours et une loge à pans de bois à l'entrée. Les jardins sont bien entretenus. Mon père se souvient très bien de l'itinéraire pour s'y rendre et de la disposition des lieux. Il est vrai que ce n'est pas très compliqué car le parc est relativement proche de la gare, mais cela reste surprenant quand on pense qu'il n'est pas venu depuis plus de soixante-dix ans.

Nous ressortons du parc. Bernau bei Berlin est en pleine réhabilitation : les rues sont repavées, les maisons délabrées de la fin du XIXe siècle repeintes dans des couleurs rabattues – moutarde, gris-jaune, sépia. Certains bâtiments sont en très mauvais état : la peinture des fenêtres s'écaille en longues bandelettes, les portes en bois sculpté sont maculées de graffitis. La ville était en Allemagne de l'Est. Je veux utiliser une sanisette, ces toilettes en acier installées sur les trottoirs. J'insère des pièces de monnaie, la porte coulisse. L'intérieur, impeccablement propre, sent le produit d'entretien. Sur le bloc W.-C. suspendu à dosseret en inox, une grande croix gammée a été griffonnée au crayon. La porte se referme. J'efface le svastika avec du savon et du papier toilette. J'ai peur de rayer l'acier ; c'est un matériau difficile à nettoyer sans laisser de traces, je le sais d'expérience avec ma cuisinière.

Devant la gare, nous prenons un taxi pour Lanke bei Bernau. Comme tous ceux qui circulent ici, c'est une grosse Mercedes crème aux sièges de cuir noir. Le chauffeur porte une chemise épaisse à carreaux rouge vif et bleu-gris ; depuis la banquette arrière, on peut voir le mot « Texas » brodé sur son épaule gauche. L'autoradio diffuse à bas volume de la musique *country* ; la rythmique d'un banjo, des paroles d'amour et de rupture, la nostalgie du sud des États-Unis remplissent l'habitacle.

Dès la sortie de la ville, nous pénétrons dans une forêt. Le macadam se délite et le dévers est si prononcé que la voiture penche vers le fossé. Nous roulons lentement sur la chaussée défoncée, au milieu des trouées de lumière filtrant entre les arbres. Le chauffeur nous annonce que Himmler avait l'habitude d'emprunter cette route. « *Himmler fuhr oft diesen Weg*[1]. » Devant notre absence de réaction, il répète son étrange information : « *Himmler fuhr oft diesen Weg.* » Vingt minutes plus tard, nous sortons du bois et, après le village de Lanke bei Bernau, nous nous garons devant le Seeschloss Hotel. Mon père sort précipitamment, traverse le parking en direction de l'entrée. Je le rattrape.

Il n'a pas tellement changé depuis la dernière fois que je suis venu.

La réception, encombrée de meubles sculptés, est attenante à une véranda à laquelle on accède par quelques marches bordées d'une rampe en fer forgé. Je suis mon père, qui entre directement dans la salle à manger aux murs jaune vif et au plafond blanc froid orné d'une moulure dorée d'où pendent des plafonniers en laiton et verre gravé. Les fenêtres sont surmontées de lourdes cantonnières couleur prune. La salle, tendue de moquette bleu cobalt, est séparée en deux par une balustrade sculptée, noire et massive. Quelques clients boivent un café. À côté d'une photographie de l'hôtel prise au tournant du XXe siècle, on peut lire sur une affichette : « *Das Seeschloss is seit uber 100 Jahren in Familienbesitz*[2]. »

---

1. « Himmler prenait souvent cette route. »
2. « Le Seeschloss est une entreprise familiale depuis plus d'un siècle. »

« Nous venions manger ici », dit mon père. Il s'approche d'une baie vitrée, sous les draperies, et regarde le lac d'Obersee, en face. Un homme grand, d'une quarantaine d'années, aux cheveux blonds ébouriffés, vêtu d'un gilet noir, d'une chemise blanche ouverte d'une propreté douteuse et de chaussures non cirées, vient nous proposer un café. « Ou un thé ? Un chocolat chaud ? Avec un sandwich, peut-être ? Ou une pâtisserie ? — Pas vraiment », répond mon père sans se détourner.

Nous sortons de l'hôtel et marchons vers la rive nord de l'Obersee. « L'été, je nageais là avec mon père. Ma mère s'asseyait au bord et nous regardait. » Le sentier sablonneux qui fait le tour du lac passe devant un espace de loisirs pour les enfants contenant une construction censée représenter un galion du XVIIe siècle. Un peu plus loin, le chemin se rétrécit, la végétation est très dense. Mon père se retourne vers le plan d'eau sur lequel courent des ondulations. Au niveau de la berge, on distingue des racines sous la surface. Sur la rive opposée, les arbres sont immobiles car ils sont sous le vent, et donc protégés. Leurs branches assombrissent l'eau qu'elles surplombent – certaines sont si basses qu'elles la frôlent – et lui donnent une teinte vert olive opaque. Là où nous sommes, elle est incroyablement limpide : je vois au fond le sable et les cailloux, qui paraissent plus gros en raison de l'effet de loupe. Nous restons un certain temps sans bouger.

Il n'y a personne en vue et mon père fait ce qu'il fait de temps en temps : il se déshabille et entre nu dans l'eau jusqu'à la taille. J'observe le mélange de poils gris et noirs sur son dos, sa peau claire, ses épaules musclées, ses longs bras inertes pendant de chaque côté, son élan quand il se penche et se met à nager, sa peau luisante, ses membres qui fouettent l'eau, sa tête qu'il immerge brièvement avant de la relever pour inspirer. Je retire moi aussi mes vêtements et le suis, mais, contrairement à lui, je conserve mon caleçon. Nos habits, nos passeports, nos objets de valeur sont en tas sur la rive. L'eau est si froide qu'elle fait mal. J'ai gardé mes lunettes pour nager ; une brasse modeste, peu spectaculaire, tête droite. Je vois le Seeschloss au fond du lac. Je me dirige vers lui – son toit de tuiles faiblement pentu, le jardin d'hiver récent, les branches d'arbres inclinées devant sa façade de briques peintes en blanc à colombages sombres. Walter a nagé ici même. Je suis dans le cadre qu'il a eu en dernier sous les yeux, plus-ou-moins-d'une-certaine-façon-pas-tout-à-fait-peut-êtrec'est-possible. C'est ce que je peux faire de mieux. En fixant l'hôtel, je l'imagine, au-delà du plan d'eau, regardant vers moi.

Nous revenons au bord. Des petits cailloux, du sable et de la boue sont collés sur mes pieds. Je retire mon caleçon. Pendant un instant, je suis nu. Je m'essuie avec mon tee-shirt avant d'enfiler mes habits, gratte le gravier pour remettre mes chaussettes et mes chaussures. Mon père se rhabille comme s'il était sec et de petites auréoles humides apparaissent sur ses vêtements ; on dirait que son corps fuit. Je suis plus sec que lui et j'ai à la main le caleçon vert rayé dans lequel j'ai nagé et le tee-shirt avec lequel je me suis épongé. Je le lui tends. Il frotte son visage, ses cheveux, puis me le rend. Qu'en faire ? Je n'ai pas très envie de trimbaler des habits mouillés dans un taxi vers Bernau bei Berlin en écoutant de la musique country et western. J'aperçois au loin une poubelle près du galion de l'aire de jeux où nous étions tout à l'heure. J'y retourne, soulève l'abattant en plastique noir et, dans un geste irraisonné, je jette le tee-shirt et le caleçon. Le couvercle claque en se refermant, son ressort lance un éclair. Je rejoins mon père qui s'est assis sur une souche. Nous n'échangeons pas un mot. Le silence s'épaissit, je sens qu'il pèse sur ma peau, qu'il m'encercle, cet espace sans paroles que nous partageons et qui glisse sur nous, ce silence tourmenté qui force l'air à comprimer mes bras et mon front. La pression augmente dans ma boîte crânienne. Les articulations de mes doigts se raidissent. Ma hanche gauche se bloque. Les chants d'oiseaux dans les arbres arrivent à mes oreilles. Leurs ondes sonores font vibrer mes tympans. C'est la réalité brute. Ni plus, ni moins.

Je regarde mon père à la dérobée. Il est mouillé. Il a froid. Il contemple le Seeschloss Hotel, de l'autre côté du lac, le regard dur, le corps immobile. Mains sur les cuisses, jambes croisées, un pied relevé, il s'est retiré en lui-même. Là où personne ne peut l'atteindre. Comment le pourrait-on ? Comment le pourrais-je ? Personne n'en a le droit. Je n'en ai pas le droit. Il est hors de portée. Certaines choses ne peuvent être dites. Certaines choses ne peuvent s'exprimer. Certaines choses ne peuvent être partagées. Certaines choses doivent être endurées seul. Il n'y a pas de mots. Il n'y a pas de sons. Il est assis sur une souche. L'homme le plus triste que j'aie jamais vu. Le plus solitaire que j'aie jamais vu. Mon père. Hans.

5.2

Mes parents nous emmenaient parfois nager à la piscine en plein air de Llandrindod. Ma mère ne s'aventurait pas dans l'eau, mais elle apportait des serviettes, des sandwiches et de l'orangeade. Au plus fort de l'été, la piscine était souvent très fréquentée. Ce jour-là, elle était bondée. L'ambiance était bon enfant et le soleil brillait.

Dans l'après-midi, j'ai vu ma copine Heather assise au bord du bassin, les pieds pendant. Sans raison particulière, je me suis approché par-derrière et je l'ai poussée. C'était la partie la moins profonde et elle s'est aussitôt redressée, de l'eau jusqu'à la taille, mais elle était choquée et s'est mise à pleurer. Quand mon père a compris ce que j'avais fait, il a hurlé « Viens ici, espèce de petit con ! » et s'est rué sur moi en grimaçant. J'ai détalé comme un lapin, stupéfait par ma vitesse. J'ai accéléré autour de la piscine, euphorique ; mes pieds ne faisaient qu'effleurer le sol, mes jambes pédalaient avec tant de vigueur qu'elles auraient pu appartenir à un autre que moi. J'ai slalomé entre les gens qui se faisaient bronzer sur leur serviette, évité les enfants qui sautaient dans l'eau ou en sortaient, dépassé le long toboggan bleu. Je bandais mes muscles avec de plus en plus d'assurance, mes hanches pivotaient plus vite que jamais. Parvenu à la hauteur du grand bassin, j'étais tellement persuadé que j'allais m'en tirer, exalté par mes capacités inattendues, que j'ai été sidéré que mon père me rattrape, me saisisse par-derrière et me soulève. Il m'a soufflé à l'oreille : « Je vais te donner une leçon que tu n'es pas près d'oublier. » Puis il m'a porté au bord, m'a pris par les bras et, tandis que je me débattais à grands coups de pied, m'a fait tournoyer autour de lui tel un discobole. Il m'a lâché, projeté en l'air, je me suis contorsionné et j'ai percuté l'eau si violemment que j'en ai eu le souffle coupé et le flanc endolori. Soudain, et pour la première fois de ma vie, je n'avais pas pied et, ne sachant pas nager, j'ai commencé à couler. J'ai refait surface, bu la tasse, avalé des litres d'eau, comme si vider la piscine pouvait me sauver, la gorge et les yeux irrités par le liquide brûlant dont le goût provoquait en moi des haut-le-cœur.

J'ai été pris de panique. Elle m'a envahi tel un liquide sombre déferlant de quelque part en moi, une source infernale ruisselant en cascades. J'agitais les bras en tous sens, je me démenais avec l'énergie du désespoir, à l'image des blattes sur le carrelage de la cuisine avant d'être jetées au feu ou des maquereaux luisants estourbis que je pêcherais quelques années après. Je m'enfonçais toujours plus et ma terreur a empiré ; d'étranges sons sous-marins ont résonné à mes tympans, l'eau est devenue d'un vert opalescent et j'ai eu l'impression d'être cerné de toute part ; je ne savais plus où j'étais, ni à quelle hauteur. Je me suis éloigné de moi-même, je me suis laissé aller et, curieusement, je me suis détendu.

Plus je m'enfonçais, plus l'eau comprimait ma bouche, mon nez, mes oreilles. Sa pression est devenue intolérable. Au moment où je commençais à l'inhaler, une main m'a attrapé le bras et m'a soulevé, remonté à l'air libre, suffocant. J'ignore qui était cet homme car il n'y avait pas de maîtres-nageurs dans cette piscine, mais il m'a parlé gentiment et m'a passé à quelqu'un d'autre qui m'a aidé à rejoindre le bord et m'a poussé par-dessus pour me mettre au sec. Je me suis couché sur le ventre, j'ai appuyé mon visage aussi fort que je pouvais contre le sol, ai absorbé avec le front la chaleur du béton râpeux – un sanctuaire de paix et de sécurité.

J'ai senti la panique glisser à travers moi et refluer. J'ai senti que je revenais peu à peu à moi-même. J'ai senti le soleil qui réchauffait mon dos et j'ai été saisi de tremblements, de convulsions incontrôlables qui m'ont fait claquer des dents. Mon cœur battait à tout rompre comme s'il cherchait à sortir de ma poitrine pour s'enfuir et retrouver la liberté. On aurait dit que ce cœur avait une vie propre, qu'il voulait briser sa cage, écarter mes côtes et s'asseoir à côté de moi, affranchi des terreurs que mon corps lui avait fait subir. Les muscles de mon estomac se sont brusquement contractés en repoussant mon abdomen contre ma colonne vertébrale, et j'ai vomi. J'ai craché de l'eau mêlée à de la salive, des aliments, puis je me suis chié dessus et je me suis pissé dessus. Le liquide brun coulait sur mes jambes et formait une flaque. Toujours étendu, visage au sol, le cœur tressautant dans ma cage thoracique, j'ai été parcouru par de grands frissons, de puissants spasmes péristaltiques qui me donnaient l'allure d'une chenille arquée. J'ai encore expulsé de l'eau et j'ai pris conscience que le silence s'était fait autour de moi. Dans une atmosphère pesante, tout le monde s'était tu devant mon humiliation publique et la peur de ce qui venait de se produire.

J'ai fini par me relever et marcher vers l'autre extrémité du bassin, où l'on me montrait du doigt. Je me suis étendu sur un banc adossé au mur en béton sale, sous les branches d'un arbre, genoux serrés contre la poitrine. Un peu plus tard, j'ai vu mon père enchaîner des longueurs dans un crawl régulier, un bras tendu par-dessus l'autre, avec le rythme puissant et coulé du nageur accompli, tournant la tête à droite tous les deux battements de bras pour aspirer l'oxygène.

Après cela, il n'a plus voulu me parler. En retour, pendant des jours, je n'ai adressé la parole à personne, pas plus à lui qu'à quiconque, et j'ai cessé de m'alimenter. Je ne sortais pas de ma chambre quand on nous appelait pour dîner, refusais de descendre au rez-de-chaussée. Chaque soir, mes frères et sœurs étaient envoyés à l'étage pour me dire de venir mais il était hors de question que je prenne part au repas familial. Mon père finissait par m'y contraindre en montant m'extirper de mon lit ; il me portait en bas, m'installait sur une chaise à table et me surveillait : « Je ne bougerai pas d'ici tant que tu n'auras pas soupé ! » Je savais qu'il était beaucoup trop impatient pour résister à ma volonté déjà farouche. Prêt à camper sur mes positions le temps nécessaire, je me contentais de soutenir son regard. « Je ne plaisante pas. Je resterai jusqu'à ce que tu te sois rempli l'estomac. Et arrête de me dévisager. » Je baissais les yeux vers mon assiette, puis les levais vers lui. Mon système digestif était dans un état de confusion anormal : j'étais à la fois affamé et incapable d'absorber quoi que ce soit. La nourriture me répugnait tout à coup. Mon père s'écriait : « C'est ridicule ! Ridicule ! » puis sortait en trombe de la pièce quelques minutes à peine après avoir affirmé qu'il attendrait que j'aie avalé quelque chose. « J'ai des choses plus intéressantes à faire », déclarait-il en poussant un soupir exaspéré. Ma mère venait s'asseoir près de moi, coupait les aliments dans mon assiette, remplissait une fourchette et la plaçait contre mes lèvres, mais je les serrais pour ne rien laisser passer et je remontais en silence. Je n'ai quasiment rien mangé et pas dit un mot durant des jours. Les gens faisaient des réflexions sur ma maigreur.

Je rampais sous mon lit pour respirer l'odeur rassurante de la poussière accumulée sur le sol de la chambre. Je restais des heures dans un placard, le dos collé contre un montant. Je disparaissais pour de longues marches solitaires au bord de l'Ithon ou à l'assaut des versants escarpés de Castle Hill. Certains jours, je me laissais tomber au pied des berges de la rivière, j'entrais dans l'eau et la regardais couler contre mes jambes. À l'occasion, je m'aventurais plus loin, parfois jusqu'à la taille, sur les rochers glissants qui recouvraient son lit, sentant sur mon bassin la force irrésistible et continuelle du courant qui gargouillait à mes oreilles et tirait douloureusement sur mes muscles. Il m'arrivait de me faufiler à l'intérieur d'une haie en me protégeant des épines avec mon manteau pour observer les oiseaux, les araignées, les fourmis et, en été, les reflets verts et violets d'une libellule. Ou de me coucher de tout mon long dans un fossé pour laisser les insectes me grimper dessus. Ou encore d'escalader un arbre et de rester assis des heures au plus près des oiseaux. L'été, lorsqu'il pleuvait, je me concentrais pour sentir les gouttes tomber lentement dans ma nuque et imbiber peu à peu mon dos.

À l'instant où j'ai été jeté à l'eau et où j'ai failli me noyer, quelque chose s'est brisé en moi. On peut mater un cheval sauvage en un après-midi et il le demeurera toute sa vie, mais je n'avais rien d'un cheval sauvage ; je n'étais qu'un enfant petit et très timide. En ces quelques minutes à la piscine, une partie de moi avait été fracassée, je le savais. Je ne pouvais plus me nourrir correctement, ingérer des aliments est devenu un problème que je n'ai toujours pas résolu. Aujourd'hui encore, j'évite les piscines et je fais des cauchemars où je me noie ; j'ai longtemps pensé que je mourrais ainsi. Cet épisode s'est gravé dans ma psyché au point que je me réveille parfois avec l'impression d'étouffer, en donnant de violents coups de pied réflexes pour expulser ce que je pense être l'eau qui s'engouffre en moi. On prétend que la noyade est une façon paisible de mourir mais ce n'est pas ce que j'ai vécu. Mon corps a recraché l'eau, l'a refusée, l'a repoussée de toutes ses forces. Ensuite, j'ai appris à éviter mon père autant que possible. Et j'ai commencé à le détester.

Cette haine s'est incrustée en moi telle une pierre noire. Elle est devenue mon poison, a miné ma vie et m'a puni bien plus durement que mon père ne l'avait fait. Elle m'a mis à nu, a racorni mon esprit, m'a rendu mesquin et cachottier, m'a isolé. À cause d'elle, je n'avais pas d'amis, j'étais différent, « pas comme les autres », ainsi qu'on me le répétait sans cesse. Je suis devenu étranger à moi-même, incapable de comprendre mon comportement – toujours à me bagarrer, aller d'échec en échec, hurler, pousser des cris, me rebeller, casser des objets, tomber, garder le lit durant des jours, me priver de nourriture, serrer les mâchoires, ne jamais sourire, éprouver une solitude intense et implacable et des humeurs si sombres que je les sentais s'enfoncer en moi et m'engloutir. Et rester maigre comme un clou.

5.3

Nous marchons jusqu'à Friedrichstraße et allons sur le quai d'où mon père a quitté Berlin en laissant derrière lui sa mère et tout le reste. Nous demeurons un moment plantés là. « Il y avait des bergers allemands, dit-il. Ma mère m'a fait un signe de la main quand je suis parti. » Je le regarde. Son visage est calme. « Je portais un tapis et une montre. » C'est ici. La voie est en courbe, ainsi que les quais. Je me suis souvent demandé s'il était écrit que je devais être à ses côtés et lui tenir la main pendant qu'il disait au revoir à Ruth. Certains événements échappent peut-être à la course du temps.

Nous regardons les trains qui partent, la toiture du bâtiment en verre et acier. Nous achetons des cafés que nous buvons à petites gorgées sur le quai avant de monter dans une rame de la ligne S1 qui dessert Oranienburg. Deux électriciens s'asseyent en face de nous, vêtus de la même tenue de travail : un pantalon gris achromatique avec des pièces noires aux genoux et une ceinture porte-outils. À la station Nordbahnhof, une femme entre avec deux garçonnets, l'un assis dans une poussette, l'autre debout derrière, agrippé à la poignée. Après Humboldthain et Wollankstraße, c'est la campagne, Frohnau, Borgsdorf et Lehnitz. Le paysage est froid, la terre, à nu. Nous descendons à Oranienburg. Après quelques marches, nous nous engageons dans un passage souterrain carrelé. Les électriciens nous doublent d'un pas décidé. À l'extérieur de la gare, des jeunes portant des sacs pleins de livres attendent de rentrer chez eux devant différents arrêts d'autobus. Les cours viennent de prendre fin. Certains discutent en groupe, d'autres sont seuls ou boivent dans des gobelets en carton. De temps à autre, une voiture s'arrête pour en récupérer un ; il se coule en souplesse sur le siège et elle repart aussitôt, le regard du parent fixé sur la route.

Sur le trottoir d'en face, un panneau de signalisation indique différentes destinations : le centre-ville, des villages des alentours et le camp de concentration de Sachsenhausen, à 2,5 kilomètres. Nous suivons les flèches, passons devant une longue succession de commerces, sous un pont de chemin de fer. Nous longeons une route à grande circulation, face au vent, puis obliquons à gauche dans des rues latérales abritées où s'alignent des immeubles récents, et enfin empruntons une voie pavée avec de jolis pavillons. Oranienburg était le centre administratif de tous les camps de concentration. Ici, les maisons sont bien entretenues. L'un des trottoirs est bordé d'un mur en béton : l'enceinte du camp.

Sachsenhausen fut le premier camp à être construit en 1936. À l'origine, ce devait être un centre de détention. Il fut aussi une base d'entraînement des *Schutzstaffel* – les SS. Plusieurs concepts y furent expérimentés : le plan triangulaire, le nombre de baraquements, l'ordre et la disposition des prisonniers à l'appel, diverses méthodes d'exécution et d'incinération, la quantité minimum de mitrailleuses nécessaires pour faire respecter l'ordre.

Nous voilà à l'entrée. Le portail en acier, en retrait des murs d'enceinte, comprend un panneau noir où l'on peut lire : « *ARBEIT MACHT FREI*[1] ». Je touche les lettres, qui sont plus petites que je l'imaginais, avec des points de soudure grossiers. Au-dessus du porche, il y a l'emplacement d'un poste de mitrailleuse et les anciens bureaux de la *Kommandantur*.

Nous sommes à l'intérieur. À première vue, la taille du camp est étonnamment modeste. De là où nous nous tenons, les murs d'enceinte sont bien visibles, avec devant chacun d'entre eux une *Verbotene Zone*[2] – « *Eintritt verboten es wird geschossen*[3] » : un

1. « Le travail rend libre ».
2. « Zone interdite ».
3. « Entrée interdite sous peine d'être abattu ».

« couloir de la mort » délimité par des rouleaux de fil de fer barbelé. « Ils ne peuvent pas être d'époque, ils seraient mangés par la rouille », dit mon père. Nous approchons de deux baraquements en bois, sur la droite. Les blocs d'origine ayant été en partie détruits en 1992 par un incendie criminel, ils ont été reconstruits à partir des ruines. Nous entrons dans l'un d'eux. On voit derrière un écran des rangées de lits superposés à trois niveaux. Je ne m'attendais pas à ce que ces châlits, gravés dans mon esprit, soient si petits.

Il y a deux pièces exiguës au centre de la bâtisse. La première renferme une série de sanitaires marron alignés. Sur un cordon, il est précisé que l'accès est interdit. Nous passons dessous. Des centaines de personnes les utilisaient. La seconde contient des pédiluves, également en porcelaine marron. Nous entrons aussi. Un panneau indique que, dans ces pédiluves, des hommes furent noyés par les gardiens qui maintenaient leur tête sous l'eau en leur marchant dessus.

Nous allons ensuite dans le « quartier cellulaire » où les prisonniers étaient conduits pour être torturés. De part et d'autre du couloir, une succession de cellules avec un lit et une fenêtre qui laisse entrer la lumière naturelle. Leurs portes épaisses et blindées sont plaquées le long du couloir avec un loquet et percées d'un judas. Mon père appuie sur un loquet pour en libérer une et la tire lentement en la retenant et en reculant à petits pas pour éviter qu'elle heurte ses pieds. Il pénètre dans la cellule. Je l'accompagne. Il ferme la porte. Nous sommes à l'intérieur. Nous nous penchons à tour de rôle pour regarder par le judas, un fisheye tellement éraflé qu'on ne voit rien.

Après une minute, nous rouvrons la porte. Mon père la repousse contre le mur et fixe le loquet. Il fait froid. Sur un écriteau, on peut lire : « Des souffrances indescriptibles furent infligées dans ces cellules. »

Nous allons au bout du baraquement. Avec sa trentaine de cellules, c'est tout ce qui subsiste du bâtiment initial, plus important, qui a été en grande partie démoli. À la sortie, il y a trois poteaux fichés dans le sol, où l'on pendait les détenus par les bras. Jean Améry a décrit ce qu'il a subi :

> « Le crochet fut passé dans les liens qui tenaient mes mains attachées derrière le dos. Puis on me hissa avec la chaîne jusqu'à ce que mon corps pende à environ un mètre du sol. Suspendu ainsi par les mains liées dans le dos, on ne peut se maintenir à la force des muscles qu'un très court moment seulement dans une position proche de la verticale. Pendant ces quelques minutes, alors que l'on a déjà dépensé ses dernières forces, que la sueur vous coule sur le front et les lèvres et que le souffle se fait plus court, [...] la vie [est] alors concentrée tout entière en un seul endroit très circonscrit du corps. [...] Mais un tel appel d'énergie ne peut durer longtemps, même chez des êtres de forte constitution physique. En ce qui me concerne, je dus abandonner très vite. C'est à ce moment que se produisirent dans le haut de mon dos un craquement et une déchirure que mon corps à ce jour n'a pas encore oubliés. Je sentis mes épaules se déboîter. Le poids même du corps avait provoqué la luxation, je tombai dans le vide et tout mon corps pendait maintenant au bout de mes bras disloqués, étirés vers le haut par-derrière et

retournés jusqu'à se retrouver par-dessus ma tête. Torture, du latin *torquere*, tordre[V]. »

Plus loin, il note :

« Les frontières de mon corps sont les frontières de mon Moi[VI]. »

Ce qui le conduit à l'observation suivante :

« [...] avec le premier coup qui s'abat, [je suis] dépossédé de [...] la *confiance dans le monde*[VII]. »

Cette confiance, poursuit-il, ne revient jamais. Cela l'amènera, selon une logique implacable, à rédiger la lettre suivante quand il résidait avec sa femme à Salzbourg, la « forteresse de sel » autrichienne :

« *À l'intention des services de police de Salzbourg,*
Salzbourg, le 16 octobre 1978

Aux autorités compétentes
Messieurs,
Je, soussigné,
Hans Maier (*alias* Jean Améry)
Auteur, domicilié 56, avenue Coghen à Bruxelles
Déclare par la présente être en pleine possession de mes facultés mentales et mettre volontairement fin à mes jours[VIII]. »

Nous passons près de la piste où l'on faisait courir des prisonniers pour tester la solidité des bottes militaires jusqu'à ce qu'ils s'écroulent d'épuisement.

Nous avançons vers la tranchée du peloton d'exécution. Tout à coup, le camp me paraît beaucoup plus grand qu'au départ. Nous mettons un certain temps à le traverser. J'apprendrai plus tard que sa superficie est de quatre cents hectares. Arrivés à la fosse, nous descendons le long plan incliné vers l'endroit où les prisonniers étaient fusillés. Derrière nous, des troncs d'arbres sciés. Devant nous, un petit bâtiment où devaient attendre ceux qui allaient être abattus.

Nous remontons la pente et nous dirigeons vers la grande structure blanche abritant les vestiges des chambres à gaz et des crématoires qui furent installés en 1943. Les fours sont de petite taille, avec des portes en fonte. Sur les décombres sont posés trois brancards qui servaient à transporter les cadavres entre les chambres à gaz et les fours. Ils sont d'une forme particulière : longs, étroits, munis de grandes poignées. Je vais vers l'un d'eux, saisis une poignée dans chaque main et le soulève. Que c'est étrange de soulever cet objet. Il est léger, couvert, comme tout dans ce lieu, d'une poussière blanche très fine. Je ne sais d'où elle provient. Peut-être du ciment qui sèche. Peut-être a-t-elle été déposée. Le grand dais protège du vent. Nous allons vers les fondations des chambres à gaz, qui occupent une surface réduite, montons sur un des murets. Nous sommes seuls.

Nous ressortons. La terre est verglacée. Nous longeons le mur, repassons devant les miradors des mitrailleuses, les barbelés, les portes mentionnant « *Arbeit macht frei* », et entrons dans le café des visiteurs. Je commande deux cafés d'une voix si basse que le serveur ne me comprend pas. Je répète. Il se penche vers moi. Je n'ai plus de voix. Il me dit :

> « Des gens du monde entier visitent Sachsenhausen. Ensuite, ils viennent ici et, pour tous, c'est très dur. La seule chose que je peux faire, c'est leur servir le café qu'ils souhaitent. Redites-moi ce que vous voulez, s'il vous plaît. »

C'est un ange qui travaille dans cette buvette.

Nous avalons les cafés qu'il nous a préparés avec sollicitude puis repartons par la rue pavée. Les pavillons avaient en fait été édifiés pour les officiers SS et leurs familles. Nous reprenons le train à Oranienburg et rentrons à Berlin à travers la campagne. Nous restons silencieux. Mon père me regarde.

> *Tu comprends maintenant ?*
> Quoi ?
> *La chance que j'ai eue.*

Je me réveille en pleine nuit, terrorisé. Mes mains sont brûlantes et me paraissent énormes. J'ai l'impression qu'elles sont aussi grosses que mon corps. Je n'aurais pas dû toucher les poignées du brancard. C'est mal de toucher un objet du Mal. Je suis en nage. Qu'est-ce qui m'a pris ? Pourquoi l'ai-je fait ? Qu'est-ce qui ne va pas chez moi ?

Puis la tempête se déclenche. Elle s'abat sur moi tel un ouragan, me pousse à sauter par la fenêtre. Elle se répand sur mon corps, s'imprime sur ma peau, pénètre mes entrailles, ma colonne vertébrale.

Je me lève et vais regarder dehors, dans la rue. Mes angoisses sont revenues. Elles me harponnent, m'immobilisent, m'incitent à sauter avec tant de force que je dois faire appel à toute ma volonté pour résister. Je ressens un désir impérieux de quitter ce monde. Je tremble de tout mon long. Ma tête va exploser. Mon cœur cogne de façon désordonnée dans ma poitrine. Le sang, dans mes tympans, fait un bruit effroyable. J'agis comme d'habitude en pareil cas : je m'allonge. Par terre. Je me mets en boule. Je serre mes genoux sur ma poitrine. J'entoure mes tibias de mes bras. Je rapproche ma tête de mon corps. Et je rassemble mon énergie pour m'efforcer de respirer ainsi que les bouddhistes me l'ont enseigné : une respiration après l'autre, en me concentrant sur la zone située entre mes narines et ma lèvre supérieure. L'air frais qui entre dans mes poumons. L'air chaud qui en sort.

Inspire. Expire. Inspire. Expire. Inspire.
Expire. Inspire. Expire. Inspire. Expire.
Anicca. Anicca. Anicca. Anicca. Anicca[1].
Il faut que ces choses arrivent[2].
Il faut que ces choses arrivent.
Il faut que ces choses arrivent.
Il faut que ces choses arrivent.
Il faut que ces choses arrivent.

1. L'impermanence chez les bouddhistes. *(N.d.T.)*
2. Matthieu 24, 6-8. *(N.d.T.)*

5.4

Je me lève. Je m'allonge. Je me lève.

Je ne peux pas me lever. Je me lève. Je ne peux pas me lever. Je me lève.

Je ne peux pas me lever. Je me lève. Je ne peux pas me lever. Je me lève.

Je ne peux pas me lever. Je me lève. Je ne peux pas me lever. Je me lève.

Je ne peux pas me lever. Je me lève. Je ne peux pas me lever. Je me lève.

Je ne peux pas me lever. Je me lève. Je ne peux pas me lever. Je me lève.

Je ne peux pas me lever. Je me lève. Je ne peux pas me lever. Je me lève.

Je ne peux pas me lever. Je me lève. Je ne peux pas me lever. Je me lève.

Je ne peux pas me lever. Je me lève. Je ne peux pas me lever. Je me lève.

Je ne peux pas me lever. Je me lève. Je ne peux pas me lever. Je me lève.

Je ne peux pas me lever. Je me lève. Je ne peux pas me lever. Je me lève.

Je m'allonge. Sur le ventre. Je me lève. Je ne peux pas me lever.

Je m'allonge. Sur le ventre. Je me lève. Je ne peux pas me lever.

Je m'allonge. Sur le ventre. Je me lève. Je ne peux pas me lever.

Je m'allonge. Sur le ventre. Je me lève. Je ne peux pas me lever.

Je m'allonge. Sur le ventre. Je me lève. Je ne peux pas me lever.

Je m'allonge. Sur le ventre. Je me lève. Je ne peux pas me lever.

Je m'allonge. Sur le ventre. Je me lève. Je ne peux pas me lever.

Je m'allonge. Sur le ventre. Je me lève. Je ne peux pas me lever.

Départ du Grimm's Hotel. Je prends l'ascenseur pour aller récupérer la voiture au sous-sol, dans le parking aménagé dans les fondations et dont il n'est pas évident de sortir. Je mets un certain temps à effectuer les manœuvres ; l'espace confiné se remplit vite des gaz d'échappement du vieux moteur diesel, qui me serrent la gorge et me donnent la nausée malgré les vitres fermées. Je parviens enfin à gravir la rampe jusqu'à la porte en acier. Je baisse la vitre en retenant ma respiration, je tape le code de sécurité et j'attends que le panneau se mette en mouvement. Il se lève très lentement et, comme il se trouve en haut de la pente, l'avant de la voiture pointe vers lui. Dès qu'il est suffisamment remonté, je m'avance et, un court instant, je ne vois que le ciel. Puis je reviens à l'horizontale et je tourne dans Seydelstraße pour stationner devant l'hôtel, la gorge encore irritée par les émanations.

Mon père apparaît avec sa valise. Il la range dans le coffre et nous nous mettons en route. Nous prenons tout de suite à gauche Neue Grünstraße, puis Ritterstraße et Lindenstraße, où tous les styles cohabitent : boutiques en renfoncement aux façades en béton et enseignes colorées, buildings récents en verre, immeubles du début du XIXe siècle à fenêtres à carreaux sertis de plomb. L'architecture contrastée qui confère son profil dentelé à cette large avenue est le tissu cicatriciel des tapis de bombes des Alliés et de notre voisin Bryn. Nous avançons vers le Tiergarten. Juste avant d'obliquer à gauche à la porte de Brandebourg, nous sommes face au Reichstag.

Je me souviens l'avoir vu en flammes.
Le Reichstag ?
L'incendie était visible à des kilomètres à la ronde. Il y a eu de la fumée plusieurs jours.
Et Hitler, tu l'as vu ?
Hitler passait son temps à parader en voiture. En Volkswagen. Ou en Mercedes.
C'est pour cela que tu détestais ces marques ?
À ton avis ?
Quelle tête il avait ?
Il avait un peu le même teint que toi quand tu étais petit.
Sérieusement...
Des cheveux tirant sur le roux. Qui retombaient sur le côté, comme les tiens.
Tu l'as salué ?
Je l'ai acclamé.
Avec le salut nazi ?
On envoyait les élèves des écoles primaires le faire.
Même les enfants juifs ?
Nous acclamions tous Hitler.
Pendant la guerre, Volkswagen a fait travailler de force des ouvriers juifs. Mercedes aussi.
Tout le monde le sait.

Nous roulons dans le Tiergarten, planté de très nombreux tilleuls dépouillés de leurs feuilles, à l'écorce lumineuse. Nous tournons autour de la Siegessäule, la colonne de la Victoire, dont la statue dorée étincelle au sommet. Lorsqu'on gravit l'escalier aménagé à l'intérieur, on voit ses ailes du dessous.

Hitler a fait déplacer la Siegessäule.
Ah bon ?
Elle était près du Reichstag. Il a ordonné qu'on la transfère et qu'on la surélève.
De quelle façon ?
Il a fait ajouter une section à la base. On le voit, la pierre est plus claire. C'est idiot.

Nous descendons Hofjägerallee, prenons à droite Stülerstraße, continuons dans Budapester Straße jusqu'à l'entrée du zoo de Berlin. En l'absence de parking officiel, je me gare le long du trottoir. Mon père sort de la voiture et va vers un des éléphants en pierre. J'allume les feux de détresse, qui l'illuminent en partie de leurs éclats orange. Je le rejoins.

Je venais souvent ici avec mon père.
Vraiment ?
Et avec Toni. On traversait le Tiergarten. On s'arrêtait devant ces éléphants.
Il était gentil, ton père ?
Gentil ?

Il regarde autour de lui. Hésite. Baisse la tête. Rentre la poitrine. Plie les genoux. Bloque les mâchoires.

Il était très gentil.

Je vois les souvenirs affluer vers lui et l'encercler, telle une violente bourrasque. Ils se glissent en lui, le transpercent. La rafale le bouscule, le fait frémir, se recroqueviller imperceptiblement.

C'était l'endroit qu'on préférait.

Ses pieds, immobiles, se sont enracinés. Les warnings de la voiture clignotent en cadence. Près de la porte, des gens gesticulent, nous disent qu'il est interdit de stationner à cet endroit, mais il me semble que nous avons droit à ces quelques minutes et je fais mine de ne pas les voir. Dans un souffle, il murmure :

On se tenait la main.

Il retourne à petits pas vers la voiture. J'ouvre la portière. Il se baisse pour s'asseoir.

Nous suivons la longue ligne droite du Kaiserdamm qui mène au périphérique. Et brusquement, incroyablement vite, la ville disparaît. Je m'arrête pour refaire le plein. Il attend patiemment dans la voiture pendant que je vais régler. Un vent froid souffle autour des pompes à essence. J'achète deux cafés et deux paquets de confiseries au chocolat – des bouchées Toffifee et des gaufrettes Knoppers. Nous prenons la direction des Pays-Bas. Mon père quitte Berlin pour la dernière fois. Il sait qu'il ne reviendra pas et je le sais aussi. Nous sortons de la station-service. Ce sont les ultimes minutes. Il reste un long moment silencieux et, quand il reprend la parole, Berlin s'est effacé.

Tu sais...
Oui ?
Je...
Oui ?
Quoi ?

Tu disais ?
Ces Toffifee.
Oui.
Délicieux.
Tu trouves ?
Je n'y avais jamais goûté. Café. Chocolat.
Et les Knoppers ?
Les Knoppers sont bien, mais je préfère les Toffifee.

Je jette un coup d'œil vers lui. Il a ouvert les deux paquets et les déguste tranquillement. Le plateau de Toffifee sur les jambes, le paquet de Knoppers à la main, le café dans le porte-gobelet.

Mon oncle Fritz s'est suicidé à Amsterdam.
Encore un suicide ?
En 1942. Toni me l'a appris lorsqu'elle est venue nous voir.
Comment ?
Il a avalé du poison. Il allait être déporté par les nazis. C'est lui qu'on voit sur la photo du magasin après le pillage de la nuit de Cristal. Je ne sais pas trop ce qu'il faisait là. Je l'aimais énormément.

L'*Autobahn* apparaît au loin.

Trois suicides ?
Oui.
Ton père, ton grand-père et ton oncle ?
C'est exact.
Ensuite, il n'y avait plus que ta mère et toi ?
Et ma grand-mère.
Puis tu es parti avec le *Kindertransport.*
Oui.
Ta famille s'est éteinte peu à peu ?
On peut dire ça.

Soudain, la voiture se remplit de fantômes. Ils sont revenus. Je les sens qui se pressent contre ma peau.

Je me fais de nouveau la réflexion que mon père est remarquable car il a survécu à la perte progressive de sa famille, de ses amis, de son milieu, de son pays. Et à tous ces suicides. Je comprends aussi que je l'ai accompagné pendant qu'il se débattait pour affronter les conséquences de ce qu'il avait subi. Ses humeurs, ses rages, ses reproches, son énergie, la fierté qu'il retirait de ses exploits physiques, son hyperactivité étaient sa façon de faire face à tout cela. Peut-être voulait-il que je m'endurcisse au cas où je devrais moi aussi m'y frotter. Mon évidente fragilité l'effrayait tout autant qu'elle m'effrayait. Il voulait que je sois prêt à résister non seulement à ce qui *pouvait* se produire, mais à ce qui se *produirait* un jour. Je me rends compte de l'immense privilège que j'ai d'être son fils.

Tu es incroyable.
Pas du tout.
Ce que tu as enduré.
Enduré ?
Ça a été un privilège d'être ton fils.
Qu'est-ce que tu racontes ?

J'enfonce la pédale. La voiture accélère par paliers jusqu'à ce qu'on roule à tombeau ouvert sur la voie de gauche d'une *Autobahn* où la vitesse n'est pas limitée. Je baisse les vitres. Un air gelé s'engouffre à l'intérieur, le bruit des pneus sur l'asphalte est assourdissant, le moteur poussé à plein régime rugit. Nous doublons des voitures remorquant des caravanes, des camions, des camionnettes, des minibus, des berlines. Mes mains se refroidissent sur le volant.

Je me concentre au maximum ; à cette vitesse, le break paraît fragile, comme s'il courait sur la pointe des pieds ; la moindre variation de la courbure de la voie le déporte. Tout à coup, malgré le vent qui pénètre par la fenêtre, j'entends que mon père parle.

Que les nazis aillent se faire foutre.
Qu'est-ce que tu dis ?
Que les nazis aillent se faire foutre.
Que les nazis aillent se faire foutre ?
Que les nazis aillent se faire foutre.

Je lui lance un regard. Les cheveux ébouriffés, détendu malgré la vitesse, revigoré par le soupçon de danger. Son visage se fend d'un sourire qui le plisse, dévoile ses dents de travers. Tout à coup, il se met à rire, de brefs éclats sonores dans le vent. Alors que le break atteint sa vitesse maximale, il se penche pour attraper son gobelet de café, boit une gorgée et déclare :

Qu'ils aillent se faire foutre.

5.5

Le loisir favori de mon père était de randonner dans les monts Cambriens autour de Llandrindod en traînant avec lui ses enfants, ses amis et les éventuels membres éloignés de la famille de passage à la maison. Il était capable de marcher des kilomètres à une cadence beaucoup trop rapide pour qui que ce soit d'autre et ne cessait de nous encourager à rester dans son sillage : « Allez ! Ce n'est plus très loin ! Vous allez y arriver ! » Comme si nous étions sur le point d'être recalés à l'entraînement militaire de base plutôt qu'en promenade.

Au cours de ces sorties, il n'était pas rare que le temps « tourne » car, dans cette partie du pays de Galles, les vents d'ouest sont brusquement ralentis par les reliefs. Ils se sont gonflés de vapeur et ont pris de la vitesse en traversant l'Atlantique et la mer d'Irlande, si bien qu'en butant sur les premières élévations de terrain qu'ils rencontrent – les monts Cambriens –, l'air monte, se refroidit brutalement et déverse l'eau emmagasinée sous forme de pluie. Ces vents progressant à vive allure, les conditions atmosphériques changent elles aussi rapidement. Et s'agissant du système météorologique prédominant dans les îles Britanniques, ils régissent en grande partie le temps qu'il fait dans notre région qui, en un quart d'heure, peut passer d'une douce tiédeur à une pluie battante avant de revenir à la situation initiale. Mon père nous avait appris à gérer ces variations subites en superposant les couches de vêtements – chemise, pull, veste épaisse, imperméable léger en nylon – afin de conserver une température corporelle constante. Si nous devions faire une pause, il trouvait le versant abrité d'un monticule ou un muret derrière lequel nous protéger. Parfois, il nous proposait de nous allonger sur l'herbe rase et moelleuse pour échapper au vent qui mugissait au-dessus de nous, et pelait des oranges dont il nous tendait les quartiers au jus aussi succulent qu'un nectar ; la teinte vive de leurs peaux alvéolées brillait sur l'herbe terne. Il nous initiait à la lecture du ciel en observant la course des nuages, d'abord ceux qui s'éloignaient puis ceux qui venaient sur nous. Dans ce but, il cueillait à intervalles réguliers des brins d'herbe qu'il jetait en l'air pour voir où le vent les entraînait ; sinon, il léchait son doigt et dressait le bras au-dessus de sa tête. « Le côté qui se refroidit d'abord indique d'où vient le vent, disait-il, comme s'il ne nous l'avait pas déjà répété cent fois. Cela permet de savoir quels nuages nous foncent dessus et lesquels s'en vont. »

Il était doué pour les prévisions – « Il ne va pas tarder à pleuvoir, assez dru mais pas longtemps. On ferait mieux d'enfiler nos vestes ». Et c'était effectivement ce qui se produisait. L'été, au sommet d'une colline, dans l'air vif, face au panorama qui s'étendait à perte de vue dans toutes les directions, nous nous allongions une bonne heure sur l'herbe broutée par les moutons, plongés dans une contemplation silencieuse.

Curieusement, il n'avait en revanche aucun sens de l'orientation et se perdait immanquablement ; une marche censée durer selon lui « deux heures maximum » pouvait s'étirer jusqu'à quatre, cinq, voire six heures. Quand nous finissions par rentrer au bercail, nous étions morts de faim et d'une humeur massacrante. S'il avait fait froid, il nous préparait une tasse de Horlicks, la boisson maltée qui lui avait permis de subsister des années et dont il buvait des quantités industrielles. Il l'achetait d'ailleurs en bidons réservés aux professionnels, de la taille de petits barils de pétrole, auxquels il avait attribué un placard spécial dans la cuisine – le placard Horlicks.

Avec lui, nous touchions les objets des temps anciens, découvrions la topographie des environs : les collines et les rochers creusés par les méandres des rivières, les sites d'antiques batailles, l'impressionnante concentration de châteaux en ruine, la population clairsemée, les fermes à flanc de coteau et leurs murets de pierre – le comté méconnu de Radnor, anciennement rattaché aux Marches galloises, territoire qui sépara longtemps l'Angleterre du pays de Galles, une contrée à part, gouvernée par des Marcher Lords qui faisaient régner leurs propres lois.

Leur autorité était telle que les hommes reconnus coupables de crimes en Angleterre ou au pays de Galles pouvaient s'établir dans les Marches, demander à bénéficier des *Marcher Liberties* et être affranchis. Pendant plusieurs siècles, cette région constitua un refuge qui échappait à la juridiction des nations voisines, une terre frontalière attirant non seulement les criminels, mais aussi des habitants d'outre-mer : Bretons, Flamands, Normands, Irlandais de Wexford, Wicklow et Dalkey, en plus des Anglais et des Gallois. Cette histoire est peut-être à l'origine de la survivance du sceptiscisme local face à l'autorité, du statut accordé aux « magouilleurs », de l'ivrognerie, du non-respect des lois, des bagarres du samedi soir d'une rare violence, ainsi que de l'allure caractéristique de nombreuses familles du coin, aux yeux noirs et brillants, au corps râblé, d'une puissance redoutable. Nous entendions souvent dans notre enfance l'expression : « Ni Gallois ni Anglais, juste de Radnor. »

Parfois, mon père nous emmenait loin des collines, le long des berges de l'Ithon. Nous suivions son cours à travers champs, près des buissons d'églantines, des forêts de chênes et de hêtres, par des sentiers escarpés qui surplombaient la rivière, avant de la franchir à gué où elle était peu profonde. D'autres jours, nous marchions sous les ponts, pataugions dans l'eau froide et claire, pantalons relevés, chaussures et chaussettes à la main, regardant les bancs de fretins nous mordiller les pieds ; au fond, une épaisse couche d'algues d'un vert lumineux rendait glissantes les pierres polies. Nous étions accompagnés par le chant des chardonnerets et des corneilles dans les arbres, les truites, les ombres et les brochets cachés dans les trous d'eau et, en de rares occasions, l'éclair du vol d'un martin-pêcheur sur la rive. Notre parcours incluait l'église St Cewydd's à Disserth, à quelques kilomètres de Llandrindod, où la rivière semble stagner et se transformer en mare sombre et opaque dont nous avions entendu dire qu'elle était insondable en raison d'une confluence particulière des courants. Nous nous tenions toujours à l'écart du bord, en partie parce qu'une rumeur voulait qu'à l'époque où la région était sous l'autorité des Mortimer, une femme accusée de sorcellerie y avait été noyée lors d'une cérémonie. Nous remontions sur la route pour prendre le pont étroit qui enjambe la mare ; la rambarde était couverte d'une peinture vert canard écaillée, avec en son centre le blason en fonte de l'ancien comté de Radnor – trois têtes d'ours noirs sur fond blanc – inspiré de celui des Mortimer.

Mon père s'était installé à Llandrindod, où il exerçait la médecine avec une grande conscience professionnelle. C'est pour cette raison que, lorsque j'étais tout jeune, des gens m'arrêtaient fréquemment dans la rue pour solliciter un avis médical. « Tu crois que c'est grave ? » me disaient-ils avant d'énumérer leurs symptômes comme si, en dépit de mon jeune âge, j'étais à même de prendre des décisions éclairées, supposant que j'avais miraculeusement acquis à neuf ans les connaissances médicales indispensables. Je répondais que je n'en savais rien, mais ils insistaient généralement jusqu'à ce que je donne mon opinion. J'avais appris à imiter la façon de parler et les expressions de mon père et je m'entendais déclarer : « Si cela empire, faites-vous examiner, sinon, cela devrait aller », « Essayez de prendre un peu d'aspirine », « Si la fièvre ne tombe pas d'ici vingt-quatre heures et que c'est toujours enflé, appelez le cabinet ». Souvent, ils me tenaient l'épaule, ou me serraient la main en demandant : « C'est bien toi, le petit du docteur ? » Et si je répondais par l'affirmative, ce qui était habituellement le cas, ils enchaînaient : « Ton père a sauvé mon fils », « Tiens, voilà une demi-couronne, tu le remercieras de la part de Mme Price », ou encore : « Sans ton papa, ma mère ne serait plus de ce monde. » Un jour, une vieille dame était sortie en hâte du magasin de primeurs Giles pour m'offrir une grosse orange et s'était écriée en me tendant ce fruit surprenant : « Ton père. Qui a retiré le gosse de l'Ithon hier. À Disserth. À côté de St Cewydd's. » Ce garçon. Dans la rivière. Dont il ne parlait pas.

5.6

Nous roulons pendant des heures sur l'*Autobahn*. À Bad Oeynhausen, nous faisons une pause dans la même station-service qu'à l'aller pour que mon père puisse reprendre un hot-dog (« Allez, on y va ! Il faut qu'on s'arrête et ils étaient fameux ! »). Nous stationnons devant l'entrée et observons le fonctionnement du *Waschstraße* et sa promesse de « *Sauger-und Pflege – Dienstleistungen mit Qualität*[1] ». Les employés en tenue verte évoluent autour des voitures sales dans un ballet incessant. Mon père avale à nouveau deux *Frankfurter* à la moutarde (« Je pourrais aussi bien manger le cochon entier ! ») avant que nous poursuivions vers l'ouest. Nous sortons de l'autoroute à Bad Bentheim pour une halte au Bentheimer Hof. La dame à lunettes à monture argentée nous sert un café, questionne mon père en allemand et reçoit de lui un gros pourboire. Nous partons d'un pas rapide sur le chemin gravillonné pour aller voir la Pyramide dans la forêt (« Quel que soit le côté d'où on la regarde, elle a une drôle de tronche ») avant d'entrer

1. « Nettoyage et entretien de qualité ».

aux Pays-Bas en direction d'Amsterdam. Sitôt la frontière passée, mon père se détend, se laisse aller sur son siège, agite les orteils et les pieds. Il me parle avec animation de sa carrière de médecin au pays de Galles, de la joie que lui procurent ses paysages, de son amour pour Llandrindod, le village où il réside depuis plus de cinquante ans. Le *Kindertransport* l'a arraché à une vie mais lui en a offert une autre à laquelle il ne s'attendait pas, et il ne pouvait espérer mieux. Il hausse la voix pour évoquer le comté de Radnor, Llandegley Rocks et Castle Hill, me dit qu'il apprend le gallois et qu'il s'est fait plus d'amis qu'il pensait ne jamais en avoir. Il s'attarde sur ses dix petits-enfants, ses deux arrière-petits-enfants, se remémore ses souvenirs de parapente au-dessus de la vallée de l'Elan et des Black Mountains.

Par beau temps, si le vent suit la ligne de crête, je profite des courants d'air chaud qui me soulèvent à plusieurs dizaines de mètres. Tu n'imagines pas comme c'est grisant.

Il ajoute que nombre de réfugiés du *Kindertransport* ont joué un rôle éminent dans la société britannique et que, parmi les enfants qui montèrent dans ces trains, quatre furent lauréats du prix Nobel – « un sur deux mille cinq cents » –, me décrit en long et en large le centre d'aide aux cancéreux qu'il a contribué à fonder avec ma mère – « Le Bracken Trust. Tu savais qu'il ne fonctionne que grâce à des dons ? Tu ne trouves pas ça formidable ? » –, me rappelle qu'il a participé à des convois de matériel médical vers la Bosnie pendant la guerre civile en Yougoslavie, qu'il a raconté son enfance dans des écoles, que des habitants de Llandrindod sont eux aussi allés en Bosnie et ont fourni un soutien financier. Un jour, le camion à bord duquel il se trouvait a perdu une roue en France – « On était sur l'autoroute, je l'ai vue rouler à côté de nous par la vitre de la portière » – et le chauffeur a miraculeusement réussi à stopper le véhicule sur la bande d'arrêt d'urgence. Il m'apprend que lorsque la reine l'a décoré de l'Ordre de l'Empire britannique, elle lui a demandé s'il savait pourquoi il le recevait. Il a dit qu'il n'en était pas très sûr et elle a expliqué que c'était en raison de son engagement dans le transport de médicaments en Bosnie.

Nous entrons dans Amsterdam et nous garons près d'Amsterdam Centraal, la gare principale. Nous fendons la cohue jusqu'à la longue façade de briques incurvée, levons les yeux vers ses tours ornementales, les horloges jumelles dont les aiguilles dorées ont été récemment restaurées, les détails des enjolivures des portes à auvents, les fenêtres dans la série de pignons à gradins. La décoration du haut des tours fait penser aux fenêtrages des cathédrales médiévales. Le voyage empruntant à l'iconographie religieuse, les gares devenues des cathédrales.

Je suis venu ici avec ceux du Kindertransport.
À cet endroit ?
Plus ou moins. Des femmes nous ont conduits sur une place non loin du palais. Elles nous ont servi du chocolat chaud. Elles avaient des tabliers blancs.

Nous refaisons à pied le chemin qu'il a parcouru avec les autres réfugiés sur la large avenue Nieuwezijds Voorburgwal qui débouche sur la place du Koninklijk Paleis.

C'est là qu'on a bu du chocolat.

En guise de victoire minuscule mais symbolique, nous décidons de boire nous aussi un chocolat chaud face au palais royal. En cherchant un café convenable pour accomplir ce rituel, nous passons devant un étal de marché où des dizaines d'oranges sont exposées. Brusquement, je repense à l'étonnant cadeau que j'avais reçu il y a si longtemps devant le marchand de primeurs Giles. Je me souviens du garçon de Disserth et je questionne enfin mon père sur cet accident. À près d'un demi-siècle de distance, l'épisode est encore douloureusement précis dans son esprit. Lentement, les yeux assombris, tout en buvant à petites gorgées un chocolat fumant dans une tasse de porcelaine blanche à la terrasse du Café De Zwart, au milieu de la foule bavarde qui papillonne autour de nous sur le Dam, devant les éclairages ricochant sur la façade du palais illuminé, il me raconte ce qui s'est produit ce jour-là dans l'Ithon.

J'ai reçu un appel pour me dire qu'un garçon était en difficulté dans la mare de St Cewydd's, sous le pont de Disserth. J'ai pris ma voiture et j'ai roulé plein pot. Quand je suis arrivé, une vingtaine d'enfants et sept ou huit adultes étaient sur la rive. Les adultes n'osaient pas se mettre à l'eau. Les imbéciles. J'ai sauté du pont et j'ai plongé plusieurs fois pour le trouver. Il était tout près de la berge, assis, le dos droit, les jambes repliées, agenouillé sur le lit de la rivière. Ses cheveux flottaient au-dessus de sa tête. Le sommet de son crâne n'était qu'à quelques centimètres de la surface. J'ai nagé vers lui et, à cause des courants ou de l'eau que je remuais, il a levé un bras comme s'il m'avait reconnu.

Il se voûte légèrement et je remarque son regard fixe et absent.

On aurait dit qu'il me saluait. J'ai tendu la main et saisi la sienne. Nous nous sommes serré la main sous l'eau. De façon totalement irrationnelle et contrairement à ce que j'avais appris au cours de mes études, j'ai pensé qu'il était peut-être vivant. Ce n'est qu'en le sortant de l'eau, en m'échinant à le remonter sur la terre ferme, que j'ai su qu'il s'était noyé. Son mouvement de bras était le fait du hasard. J'ai tenté de le ranimer. L'ambulance a fini par venir.

Selon la rumeur qui avait couru dans l'école ce jour-là, mon père avait sorti un garçon de la rivière. À ce qu'on m'avait dit, il avait sauté du pont de Disserth dans les eaux noires de la mare de St Cewydd's alors que d'autres étaient restés au bord, trop peureux pour fouiller ses fonds obscurs. Je n'avais que dix ans et, compte tenu de l'ambiguïté de l'expression « sorti de la rivière », j'en avais déduit qu'il l'en avait tiré vivant. Le soir au dîner, à la table de la cuisine, je lui avais demandé avec fierté comment cela s'était déroulé. Sans attendre que j'aie fini ma phrase, il avait brusquement repoussé sa chaise, s'était levé sans un mot, laissant son assiette à moitié pleine, et était sorti dans le jardin. Par la fenêtre, nous l'avions vu se mettre à fendre du bois, le visage crispé, ses épaules musclées levant sa hache en cadence à bout de bras avant de l'abaisser avec une force incroyable pour faire voler les bûches en éclats.

Nous finissons notre chocolat et les *Stroopwafels* qu'on nous a servies en accompagnement, reposons les tasses vides dans leur soucoupe et retournons à la gare par le même chemin. Nous reprenons la voiture et partons pour Hoek van Holland. Au terminal des ferries, nous allons regarder la statue de Frank Meisler baptisée *La Traversée de la Manche vers la vie*, édifiée en mémoire du *Kindertransport*. Le soir, nous discutons jusque tard dans l'Espace restauration du *Stena Britannica*. Dès que le bateau quitte le port, mon père est de meilleure humeur. Il évoque sa rencontre avec ma mère lorsqu'il était membre des forces spéciales en Malaisie – elle était infirmière à Kuala Terengganu et avait besoin de médicaments, il lui avait proposé de l'épouser le jour même et elle avait répondu : « Demandez-le-moi à nouveau dans un mois. » Puis il raconte leur mariage et ma naissance à Kuala Lumpur. Il relate aussi divers accidents de voiture, dont celui où il a embouti sa MG si violemment que le choc lui a fait perdre conscience. « Quand j'ai repris mes esprits, j'étais allongé dans un caniveau, le volant à la main. Foutues MG. Très mal construites. »

Pendant la traversée de la mer du Nord, il dort profondément. Le bruit des moteurs à fond de cale n'est plus qu'un ronronnement dans notre cabine. Il a sa couette blanche autour du cou, sa bouche est relâchée, sa respiration, régulière, sa peau, rose. Il ne me réveille pas dans la nuit.

Nous nous levons tôt pour assister à l'arrivée à Parkeston Quay. Nous nous postons sur le pont arrière au moment où le ferry dépasse les porte-conteneurs amarrés à Felixstowe et l'alignement de grues à silhouette de merles qui chargent et déchargent patiemment, dans un ballet qui semble immuable. Au surplomb de Harwich, nous observons en détail la ville depuis notre position dominante, son emplacement à la pointe orientale de la Grande-Bretagne, idéal pour l'ancien Royal Navy Dockyard, avec ses eaux profondes de part et d'autre du petit promontoire, qui fut la première vision de la liberté pour mon père.

Les estuaires de la Stour et de l'Orwell se rident dans l'air du petit matin ; à l'endroit où leurs eaux se mêlent, les courants créent des remous.

Je veux prendre le train ici jusqu'à la maison. Je veux faire la dernière étape du voyage en chemin de fer. Je te l'avais dit au départ, n'est-ce pas ?

Tu l'avais dit, en effet. Je t'accompagne à Liverpool Street ?

Si tu veux. En fait, je veux aller seul du bateau à la gare. En portant ma valise.

Ainsi donc, après que les cordages ont été lancés à terre et que le ferry a été amarré et treuillé vers le quai, je descends seul au pont garage, je roule jusqu'à la gare de Harwich International et je mets la voiture au parking ; je reviendrai la prendre plus tard. Je me rends quai n° 1, où le train pour Liverpool Street est annoncé. Mon père arrive après moi. Je le vois franchir les portes blanches. Le pas léger, le dos droit, il s'avance vers la sonnette à forme de fleur, pose les mains dessus, se penche vers elle.

Nous montons dans le wagon. Assis sur les sièges vert mousse rêches du tortillard qui lambine le long de la côte, nous voyons à droite l'estuaire de la Stour et au-delà les prairies pentues, d'un vert automnal, qui la bordent, souvent plantées d'arbres. Vers Wrabness, l'estuaire étant soumis à la marée, la mer basse découvre des hectares de vase sombre et luisante, striée d'ondulations. À cet endroit, de petites amphores romaines en terre cuite remontent parfois à la surface. Sur notre gauche, les champs ont été labourés ; la terre sombre a été retournée en sillons réguliers et les tracteurs ont laissé leurs empreintes. Nous apercevons des mouettes et des échassiers au bec allongé, et à Manningtree une colonie de cygnes, dont deux volent à côté de nous, leur long cou tendu en avant.

Le train s'arrête à Colchester après des zones industrielles et un ancien dépôt de charbon transformé en entrepôt de voitures neuves alignées ; leurs coloris inattendus – orange métallisé, blanc vif, bleu azur – jurent avec les sureaux et les orties poussant près des barbelés qui le clôturent. À la sortie de la ville, la voie longe un golf, d'immenses champs irréguliers, d'épaisses forêts, des pylônes. De temps à autre, une ligne secondaire part en courbe dans le lointain, bordée de sycomores, de frênes, de bouleaux argentés.

Entre Harwich et Bethnal Green, la voie, construite au milieu du XIXe siècle, est presque horizontale. Les ingénieurs de l'époque victorienne avaient réduit sa déclivité en perçant les reliefs et en construisant des viaducs au-dessus des vallées. De ce fait, les quais sont au niveau du sol dans certaines localités et surélevés dans d'autres. À Hatfield Peverel, on peut voir l'intérieur des maisons tandis qu'à Chelmsford, on roule au-dessus des toits, des espaces verts et des étangs. Vers Liverpool Street, les façades arrière des habitations sont de plus en plus collées les unes aux autres, les accotements jonchés de détritus – vieux canapés, chaises en plastique, jouets divers – qu'on laisse pourrir au milieu d'une végétation galopante. Peu après l'Olympic Park et la tour en acier rouge d'Anish Kapoor, la voie rentre peu à peu sous terre.

Près de Bethnal Green, nous dominons le parc, où des enfants et des chiens s'ébattent. La gare de Liverpool Street est à neuf mètres de profondeur, à l'emplacement de l'ancien Bethlem Royal Hospital, qu'on appelait autrefois Bedlam. Les rails descendent imperceptiblement entre des murs de soutènement à arcades en briques bâtis sous le règne de Victoria pour résister à la poussée de la terre, tranchent dans le paysage, passent sous des ponts métalliques, des trottoirs, des jardins, parfois entre les fondations d'immeubles. La lumière du jour n'est plus qu'une lueur. Les briques, non entretenues, sont noires d'une suie accumulée depuis des lustres ; le sol est parsemé de mauvaises herbes. Des arbustes sortent des murs, poussent sur le ballast. De petits bâtiments, portes ouvertes et vitres brisées, sont tapis sous les ponts. Alors que nous atteignons le point le plus profond, le train ralentit, oblique vers la droite ; les roues grincent en frottant contre les rails.

À la descente du train, nous insérons nos tickets dans le portillon automatique et pénétrons dans le hall où a été installée une première sculpture commémorant le *Kindertransport* : une œuvre de Flor Kent représentant deux jeunes rescapés, regard tourné vers l'avenir, l'un debout, l'autre assis près d'une valise. Nous montons l'escalier jusqu'à Liverpool Street, où fut érigée la seconde sculpture, également de Frank Meisler, qui fait pendant à celles de la gare de Friedrichstraße et de Hoek van Holland. Celle-ci s'appelle *Kindertransport – l'arrivée.* Sur une plaque, une citation du Talmud a été gravée : « Celui qui sauve une seule vie sauve le monde entier. »

Tu étais là à la descente du train ?

On s'est tous rassemblés. C'est ici que tout a commencé.

Incroyable.

J'étais très inquiet parce que j'ai été le dernier à être appelé.

Puisque nous sommes dimanche matin et qu'il y a peu de monde, je m'allonge dans le hall, les yeux tournés vers le toit. Mon père en fait autant. Nous contemplons les portées en fer forgé, la verrière, les murs de briques jaune pâle, dont certaines sont couvertes de parements en grès, les équerres en fonte ouvragée. « Elle a dû être construite à peu près en même temps que la gare de Friedrichstraße à Berlin. » Je la photographie.

Nous nous relevons pour aller en métro à Euston Square par la Circle Line. Nous marchons ensuite jusqu'à Euston Station, où mon père prendra un train de la West Coast Main Line jusqu'à Crewe, changera pour Shrewsbury, avant une autre correspondance vers Llanelli qui dessert Llandrindod. Ensuite, il ira chez lui en taxi.

Merci pour ce voyage, papa.
Je voulais le faire.
C'était pour Simon, n'est-ce pas ?
Oui.

Nous nous donnons l'accolade sur le quai. Il m'étreint avec force. Je l'embrasse sur la joue. Il ne me rend pas mon baiser. Nos corps raides et empruntés se sont brièvement touchés. Il monte dans le wagon avec sa valise rouge cerise. Derrière la vitre, je le vois choisir son siège. Je lui fais signe de la main. Il me le rend. Au moment où le train s'éloigne du quai, il semble heureux.

Post-scriptum

Jane m'a appelé pour me dire de venir vite. « Ce ne sera plus très long. » Tout en roulant pour aller voir Hans, j'ai été pris d'une nervosité extrême, qui est montée de mon estomac à ma poitrine et a irradié dans mes bras jusqu'à l'extrémité de mes doigts. J'avais peur que mes mains, crispées sur le volant, le lâchent, laissant la voiture sans conducteur, hors de contrôle – ce qui m'a rappelé Hans il y a si longtemps.

C'est donc avec un certain soulagement que je suis arrivé quelques heures plus tard dans l'établissement pour personnes âgées où il résidait. J'ai traversé le hall, salué l'infirmière de garde, longé les petits couloirs menant à la chambre où il vivait depuis presque un an. Ma sœur et ma mère étaient là, assises, devisant à voix basse. Hans était dans son lit, couché sur le côté, tourné vers elles, fragile, recroquevillé. Sa respiration était régulière, forte et rauque.

En raison du fonctionnement particulier du chauffage central de la résidence, on étouffait toujours dans sa chambre. Que ce soit dû à un réglage défectueux ou à une simple erreur de conception, il y régnait en permanence une touffeur tropicale. Cela, ajouté au fait que les fenêtres ne s'entrouvraient que de quelques centimètres, rendait l'atmosphère oppressante.

Je me suis installé à son chevet dans un fauteuil à oreilles rouge brique et me suis avancé pour prendre sa main. Malgré la chaleur, sa peau était fine et froide. Ma mère, ma sœur et moi avons bavardé tranquillement. Au bout d'une heure environ, j'ai raccompagné ma mère chez elle, à vingt minutes de route. Elle était épuisée par les visites quotidiennes qu'elle lui rendait depuis des mois. Nous avons discuté dans la voiture, quand je me suis garé et que nous sommes montés à la maison. Ses pas étaient lents dans l'allée, ses poignets, fragiles sur la poignée, sa clé a tremblé devant les verrous de la porte d'entrée. Elle s'est laissée lentement tomber dans un fauteuil. Nous avons bu un thé et je suis reparti. J'ai retrouvé Jane en train de lire dans la chambre, se levant par moments pour embrasser mon père sur la joue – « si courageux ». Nous avons conversé une heure, puis elle est rentrée se reposer en me laissant seul avec lui.

La nuit est tombée. On était en hiver, mais la température était clémente. Les branches d'un grand sapin bougeaient sans bruit derrière la fenêtre. Je suis allé dans le cabinet de toilette contigu pour allumer la lampe au-dessus du lavabo. J'ai laissé la porte entrouverte et j'ai éteint le plafonnier dans la chambre, qui était désormais baignée d'une chaude lueur. Son lit était contre le mur, sous la fenêtre. Je me suis penché au-dessus et j'ai poussé le battant avec force. Le ressort du loquet de sécurité a sauté et elle s'est ouverte plus largement. L'air frais est entré dans la pièce, l'air surchauffé en est sorti. J'ai tiré mon fauteuil contre le lit.

J'ai croisé les jambes et médité. J'ai passé en revue les points de tension physique qui ne me quittent jamais : une névralgie aiguë dans la nuque, à la jonction du crâne et des premières vertèbres, une sensation de brûlure dans la joue droite, semblable à une aiguille chauffée à blanc enfoncée profondément dans la chair, une gêne diffuse autour des reins, des élancements dans la cavité supérieure de la hanche gauche, une inflammation de mes lombaires déformées, des sifflements dans les oreilles. J'ai observé autant que je pouvais les réflexions qui me venaient à l'esprit, en m'efforçant de ne pas les juger, pas plus que mes peurs, ou l'insignifiance de mes pensées, acceptant ce moment comme il était – non pas tel que je voulais qu'il soit ou que j'estimais qu'il devait être, mais tel qu'il était.

J'entendais le vent souffler doucement à l'extérieur. J'entendais les branches de l'arbre. J'entendais les hectolitres d'eau bouillante propulsés dans les canalisations par la chaufferie dysfonctionnelle – cet univers liquide qui circulait autour de nous dans les radiateurs en acier embouti, les tuyaux, les valves et les joints de compression. J'entendais les chuchotements des occupants des chambres voisines, les portes qu'on ouvrait et qu'on refermait, les chariots qu'on poussait dans le couloir. En soulevant les paupières, j'avais sous les yeux les photos de mon père jeune – en train de courir, de piloter un avion, de faire du parachute, du vélo, du canoë, de la voile, du parapente – que ma mère avait épinglées près du lit.

Après un certain temps d'immobilité, un changement s'est soudain opéré en moi. Une ombre ténébreuse et glaciale m'a gagné. Un vide s'est creusé. Un néant. Une vacuité. J'ai médité sur ces impressions. Elles ont duré une dizaine de minutes, puis elles ont cessé. Mon corps s'est réchauffé. Je n'avais jamais éprouvé une telle sensation de froid. Mon père respirait lentement. Je me suis levé et j'ai posé la main sur sa poitrine. Il était évident que sa respiration avait changé. Je suis sorti dans le couloir en tirant la porte tout doucement, j'ai appelé ma sœur et je suis revenu dans la chambre.

À 22 heures, deux infirmières sont entrées pour le retourner, comme elles le faisaient d'habitude, afin d'éviter les escarres. Elles l'ont mis sur le dos, ont relevé sa tête sur les oreillers. Ce fut très pénible pour lui. Il était à peine conscient, mais pas dans le coma. Son corps était raide. Ces mouvements semblaient lui être presque insupportables. Après le départ des infirmières, sa respiration est devenue plus forte, son visage a repris des couleurs, ses mâchoires, leur fermeté. Je voyais la vie couler en lui. J'ai posé la main gauche sur son crâne, brûlant, plein d'énergie, et la main droite sur son plexus et je lui ai dit : « Je t'aime, papa. Je t'aime, Hans Eugen Lichtenstein, nous avons voyagé ensemble, toi et moi, je t'aime énormément. Merci. » J'ai embrassé son front sans retirer mes mains. Sa respiration s'est calmée. J'ai chanté des prières. Il s'est mis à aspirer l'air par petites bouffées et non plus avec des inspirations rauques. Son visage s'est détendu, sa peau s'est lissée, est devenue diaphane. Un léger sourire a gagné ses lèvres et deux petites lueurs sont apparues, au-dessus de sa lèvre supérieure à droite, et sous sa lèvre inférieure, au centre. Je les ai examinées longuement. J'ai vérifié qu'il ne s'agissait pas d'un reflet provenant du cabinet de toilette, mais ce n'était pas le cas. J'étais incapable de déterminer la source de ces éclats lumineux, ces points mobiles qui ont dansé plusieurs minutes autour de sa bouche. Alors que sa respiration continuait de ralentir, j'ai eu le sentiment très fort que nous étions réunis. J'ai compris que nous étions égaux et qu'ensemble nous rétablissions en ces quelques instants le lien qui nous unissait, ce lien qui avait été rompu toute notre vie.

J'ai aussi compris qu'il m'offrait un dernier présent. Il me faisait connaître la mort. Il me montrait ce qu'est l'agonie. Qu'elle n'est pas effrayante. Qu'elle peut être sereine. Il me montrait comment elle se déroule. Qu'elle est précédée d'une ombre froide qui traverse la pièce. Que c'est un moment tendre, dont la peur est exclue. Mon guide – jusqu'à son dernier souffle. J'ai baissé la tête pour le remercier. Pendant cette étonnante connexion entre nous, mes mains toujours sur sa tête et son cœur, sa respiration s'est ralentie jusqu'à ce qu'il n'y en ait plus et que je me tienne debout, en paix. Le sapin se balançant derrière la vitre. Les bruits dans le couloir. La chambre.

Ma sœur est arrivée à ce moment-là. Nous sommes restés à côté de Hans tandis que s'effaçaient les derniers éclats de sa vie apparente. Son visage est devenu un masque apaisé, sa peau tiède a commencé à se refroidir. Sa bouche était entrouverte, ses mains posées sur les couvertures.

Jane et moi avons peu parlé. Nous nous sommes préparé une tasse de thé et l'avons bue devant son corps qui venait de mourir, remarquant ses pommettes hautes, l'ombre de son sourire. Une heure s'est écoulée puis nous avons informé le surveillant de garde, qui a composé le 111 et suivi la procédure officielle lorsqu'on annonce un décès au NHS par téléphone. Il m'a passé l'appareil. « La mort était attendue ? » m'a demandé une femme. L'était-elle ? me suis-je demandé. Est-ce que nous nous attendions à ce qu'il meure ? J'ai répondu : « Oui, elle l'était. » Je lui ai communiqué la date et le lieu de naissance de Hans ainsi que d'autres renseignements.

Nous sommes repartis à la maison et avons réveillé ma mère pour lui annoncer que Hans s'était éteint. Elle s'est mise à pleurer, nos mains dans les siennes. Leur union avait duré plus de soixante-trois ans. Elle nous a raconté qu'à leur rencontre à Kuala Lumpur, ils avaient parlé des heures dans la nuit tropicale et qu'en la raccompagnant en voiture, il s'était tourné vers elle et lui avait dit : « Cela vous paraîtra peut-être étrange, mais je crois que nous devrions nous marier. » Elle était du même avis et avait répondu : « Demandez-le-moi à nouveau dans un mois. » Elle m'a aussi appris qu'après son retour de notre voyage à Berlin, il avait enfin pu dormir. Les dernières années de sa vie avaient été apaisées. Nous avons veillé tard et j'ai dormi chez mes parents.

La journée suivante s'est déroulée comme si elle n'avait duré qu'une heure ou deux. Je suis sorti prendre l'air dans le jardin, puis j'ai enjambé les barreaux rouillés de la barrière canadienne et, pendant environ une heure, j'ai marché le long des haies d'églantines, de frênes et de hêtres aux branches nues, sur les chemins qui descendent dans la vallée, et suis arrivé au petit pont au-dessus de l'Ithon. Je me suis avancé jusqu'au milieu, me suis à moitié affalé sur la rambarde en bois, l'ai agrippée, et j'ai contemplé le sommet pointu de la colline de Cefnllys, en face.

J'entendais la rivière murmurer en dessous. J'ai senti mes chevilles se dérober, comme si mes pieds se détachaient de mon corps. J'ai baissé la tête et, malgré ma vision qui s'était mise à onduler, je n'ai décelé aucun changement dans leur aspect. Pourtant, contrairement à ce que mes yeux enregistraient, j'avais l'impression que leurs ligaments et leurs tendons s'étiraient, que je devais les renforcer, faire en sorte de les arrimer pour les empêcher de flotter dans l'air, dans le ciel, voire au-delà, dans les royaumes obscurs de l'éther. Je me suis appuyé plus lourdement contre la rambarde et j'ai regardé fixement les flots. J'ai vu des araignées d'eau, leurs grandes pattes étalées à la surface, leur corps hydrofuge posé en toute confiance sur le courant paresseux. Je me suis fondu dans le paysage ; il me semblait que les cellules et les atomes de mon corps se désintégraient, se dissolvaient dans l'air environnant. Les pensées se superposaient dans mon esprit – le dessin d'une goutte d'eau la première fois qu'elle avait été observée au microscope, le tissage de la couverture dans laquelle je dormais enfant, les ailes d'un moineau voletant au-dessus d'une bouteille de lait, les robinets de la cuisine de Pentrosfa, l'odeur de mon père, la tombe de Walter, les naissances de mes trois enfants, les yeux de ma femme. J'ai vu Simon venir vers moi sur la rivière, tout sourire, bras tendus, et j'ai compris ce qui a déjà été dit : que non seulement nous vivons avec le souvenir des morts, hantés par leurs spectres, mais aussi dans le monde qu'ils ont créé – chemins et routes, haies et ponts, maisons et résidences, fermes et forêts, villes et bourgades, monuments et édifices, idées et concepts, philosophies et même leurs propres souvenirs –, de sorte que nous habitons tous concrètement, et pas uniquement de façon métaphorique, dans l'esprit des défunts.

J'ai pris conscience à nouveau de l'imminence de mon départ. De ce qu'il avait d'inéluctable. J'ai touché la trame de la construction du monde, si manifeste et néanmoins tissée par des êtres disparus depuis longtemps.

Durant cet intervalle où j'étais séparé de moi-même, le monde s'est déployé sous mes yeux en une immense étendue opaline, une vision fabuleuse, une extraordinaire chorégraphie, une accumulation presque infinie de décisions anodines prises pendant des millions d'années par ceux qui nous ont quittés de longue date, jusqu'à cet instant précis – ici et maintenant. Elles se sont toutes engouffrées en moi dans un enchevêtrement multicolore et je me suis senti lentement défaillir sur la rambarde en bois du petit pont qui franchit l'Ithon.

REMERCIEMENTS

Mon agent Jonathan Conway a nourri cet ouvrage de bout en bout. Ses remarques perspicaces sur les nombreuses versions du texte ont contribué à lui donner sa forme définitive. Je le remercie pour son soutien inébranlable. Chris White et Rowan Cope, mes éditeurs chez Scribner, m'ont fait des observations judicieuses et cruciales à des moments clés de la construction du livre. Je les en remercie, ainsi que de leur inaltérable bonne humeur et de leurs encouragements constants. Mes remerciements vont aussi à Charlotte Chapman pour sa relecture fine et intuitive, et à Kaiya Shang, qui a été une responsable d'édition très positive.

Je remercie mes agents pour le théâtre, Gemma Hirst et Katie Snaydon, de la Gemma Hirst Agency. Leur aide pendant de nombreuses années m'a été d'un grand secours.

Simon Bacon, Nina Fischer, Kai Yin Low, Gabriel Pearson, Mike Roper et Steve Waters m'ont suggéré des pistes de recherche et je leur en suis reconnaissant. L'ouvrage de Nina Fischer, *Memory Work : The Second Generation*, fut pour moi aussi convaincant qu'utile. Merci à Max Lichtenstein, qui a incité Hans à faire le voyage à

Berlin. Je travaille avec Shree Berke depuis longtemps. Ce livre est le résultat de sa compétence, de sa gentillesse et de sa prévenance.

Je remercie le Leverhulme Trust pour sa bourse, qui m'a donné du temps pour écrire et m'a permis de financer les recherches documentaires.

Je remercie mes amis, ma famille, et surtout Hans.

RÉFÉRENCES DES CITATIONS

I. W. G. Sebald, « Entre histoire et histoire naturelle », in *Campo Santo*, trad. Patrick Charbonneau et Sibylle Muller, Arles, Actes Sud, « Babel », 2009, p. 71.

II. *Ibid.*, p. 83.

III. Jean Améry, *Par-delà le crime et le châtiment*, trad. Françoise Wuilmart, Arles, Actes Sud, 1994, rééd. « Babel », 2005, p. 67.

IV. *Ibid.*, p. 69.

V. *Ibid.*, p. 80-81.

VI. *Ibid.*, p. 72.

VII. *Ibid.*, p. 71-72.

VIII. https://www.asymptotejournal.com/nonfiction/jean-amery-suicide-notes/

PAPIER CERTIFIÉ

Le Livre de Poche s'engage pour l'environnement en réduisant l'empreinte carbone de ses livres. Celle de cet exemplaire est de :
300 g éq. CO_2
Rendez-vous sur www.livredepoche-durable.fr

Composition réalisée par PCA

Achevé d'imprimer en août 2023 en Espagne par
BLACKPRINT
Dépôt légal 1re publication : septembre 2023
LIBRAIRIE GÉNÉRALE FRANÇAISE
21, rue du Montparnasse – 75298 Paris Cedex 06

42/7360/9